三浦一郎 MIURA Ichiro

流通の回顧

80年代を中心に、私的に

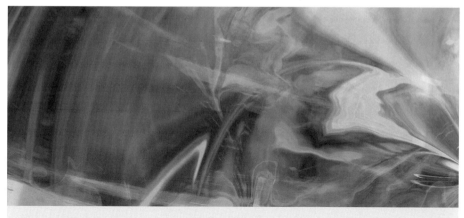

文理閣

はじめに

　本書は、主として私の 1980 年代における流通および消費に関する旧稿を集めて構成したものである。

　1980 年代には、コンビニエンスストアは成長を続けていたものの、ユニクロは地方の衣料品チェーン店に過ぎなかったし、アマゾンも存在しなかった。ダイエーをはじめ多くの大規模小売業も健在であった。今や流通を代表する顔はすっかり変わってしまった。

　かつて一億中流階層社会とイメージする人の多かった日本社会は、格差社会となり、合わせて貧困化がテーマとなりつつある。

　1980 年代においては日本が支援すべき対象であった中国が、21 世紀になると日本の安全保障上の脅威となり、そのことを意識しない日本人はほとんど存在しなくなった。反対にかつては多くの日本人が批判した日米安全保障体制は、日本にとって必要不可欠の存在となっているかのように見える。

　あらゆる面で変化しつつある今日、「豊かな社会」の中で登場した「マーケティング・コンセプト」は、少子高齢化の進む社会の中で、多様化しつつその体系的展開を遂げつつあるように見える。

　以下、本書の各論文について、少し説明しておこう。

a　大型店問題への関心

　「チェーンストア特別課税」を扱った論文の背景には、1970 年代前半に非常に盛り上がっていた大型店問題への関心があった。大型店問題の源流として、たとえば日本の反百貨店運動、アメリカの反チェーンストア運動などに興味を持ったからである。橋本勲先生に原稿を読んでいただいたとき、原稿中に「反独占運動」を評価する記述を見つけて、「紋切型だね」とコメントされたのが記憶に残っている。反カタログ販売、反チェーンストアについての論文を構想したが実現するには至らなかった。

4

b　レコードの周辺

　経営学部における担当科目が「販売管理論（マーケティング論）」ということもあって、経営学部の入門科目の教科書に寄稿するに際し、消費者行動とマーケティングについて自分の趣味を事例として書いてみる気になった。2つの短い文である。コトラーのマーケティング・マネジメントの枠組みを採用している。

　なお当時レコードを大学生協で買うことが多かったが、生協の売り場の担当者高菅さんと親しくなって、生協にレコードを下ろしている星光堂を紹介していただき、その調査をもとに論文を作成した。1980年代中ごろには町にレコード店がたくさんあったことなどが思い出される。

c　消費の変化と流通 —堤清二の時代—

　このセクションに収録した論文の背景には、1980年代を通じて私が最も興味を感じていたセゾングループとその経営者たちの思想に対する関心があった。堤清二をはじめ、佐藤肇、上野光平など、魅力的な論者たちが、多彩な論陣を張っていた。なおこの時代の消費社会論で強い魅力を放ったものに、山崎正和の所論がある。これらに影響を受けながら商業経済論に対する批判の意味を込めながら、論文を作成したのを覚えている。

d　流通支配の動揺

　百貨店の低迷については、1980年代を通じてずっと話題にされていた。ここでは、いくつかの短い論文が収録されているに過ぎないが、流通支配の動揺とでも言うべき問題が、いろいろな分野で見られるようになった。いわゆる「独占」の支配がかならずしも強固ではないという思想が、ここには含まれている。

　なお、本書に収録された論文は、発表した時期・場所が多様であり、文献・注の書き方等が統一されていない場合があることをお断りしておきたい。

目　　次

a

＊

大型店問題への関心

1
チェーンストアとその特別課税問題

はじめに

　チェーンストア税とは何か。1935 年制定のフロリダ州チェーンストア税法の冒頭は言う。「大規模な新収入がフロリダ州の教育の振興と公立小学校制度の保存のために必要とされている。このような収入の増加のために好都合なのは、フロリダ州内で小売店の営業に従事しかつそれを継続するという職業に対して特権税を賦課すること」である。経営方法上のすべての効率およびその成果によって、「多数の単位店舗を経営する商店は、個人的に所有・経営される単一の商店より以上の利益を享受するが、その限りで、かかる商店が上記の特権税課税の目的のために別個に分類されるのは適当かつ正当である。さらにまた、チェーンの成長増加と単位店舗数のより大きい増殖は、独占を促進し、上記の利益を享受しないチェーンの競争者たちを廃業に追いやることによって失業を生み出す傾向がある。したがって、かかるチェーンストアの単位店舗の増殖と拡大は、公共政策の問題として抑制されるべきである」[1]。ここには、チェーンストアに対する特別課税の背景、論拠そして目的が、フロリダ州立法部の立場から明瞭に述べられている。

　かかるチェーンストア税法の制定は、1930 年代の合衆国において広く問題とされたものである。この問題を含む当時の反チェーン運動について、ダニエル・J・ブアスティンは、「後衛的行動」「死滅しつつある過去の弁護」と評価している[2]。また、従来わが国では中野安氏の研究がある。中野氏は、反チェーン運動の中でのチェーンストア税法制定運動の特殊性に留意しながらその展開過程をたどるとともに、それがチェーンのビヘイビヤに与えた影響を明らかにすることを主たる課題とされている[3]。

　しかし、チェーンストア税が前記引用のような目的を持つ以上、チェーンストアに対する特別課税問題は、課税による商業政策の遂行という視角から検討される必要がある。その際、チェーンストア税は州税であるということとチェーンストア税の根拠は何かということに留意する必要がある。これらを中心に商業政策の遂行手段としての課税および課税権の意義と限度を、チェーンストア税法制定の歴史的経過の中に見ることが小稿の課題であり、それには、この税を単にうしろ向きのものであるとする見解に対する批判の意図も含められている。

I　チェーンストアの発展からチェーンストア税法制定まで

　チェーンストアはすでに南北戦争期に始まっていたが、それが重要な小売制度となったのは 20 世紀に入ってからである。チェーンストアは最初、既存の大量小売業者たる百貨店や通信販売店がまだ強力に設立されてはいなかった部門に現われた。すなわち、チェーンストアは、食料品や薬品といった部門にまず進出したし、大都市中心地や農村地域にではなくむしろ中小の市や町および大都市周辺地域に立地した。チェーンは 20 世紀に通信販売店や百貨店より急速な成長を始めたが、その理由は、チェーンが他の 2 つの大量小売業者より広いそしてより成長の速い市場を取り扱ったからであり、また自動車の出現による移動性の増大と郊外の急速な発展から生ずる消費者購買上の変化に対してより適当に対応することが出来たからである。1920 年代における農村市場の衰退傾向に直面して、2 大通信販売店、シアーズ・ローバック社とモンゴメリー・ワード社は 1925 年にチェーンストア分野に参入を始めた。また遅れて 1930 年代までに百貨店は郊外に支店を建設し始めた。かくして、チェーン方式は大量小売業のための標準的道具となった[4]。
　スターンはチェーンストアの経済的利益として次の 4 点をあげている。第一は、交渉力である。チェーンはその大量仕入れによって、供給業者から、マーチャンダイジングの必要に対して優越的な価格、サーヴィスおよび管理上の注意を受け取ることができる。第二は卸売機能の統合による効率である。

第三は、多店舗の効率であり、主として多店舗に適応しうるマーケティング戦略の節約から生ずる。第四は、小売店舗規模が比較的大きいことである[5]。4つの経済的利益のうち、多店舗の効率は、通信販売店および百貨店とチェーンとの間の構造上の基本的差違たる販売組織上の差違によるものである。チェーンは、製造業者から最終消費者へのますます大量となる商品の流れを調整する管理組織を創出することによって、「1860年代と1870年代に百貨店によって始められた小売業の革命を完成した」[6]。

　この革命の結果生じた商業部門の構造変化は次のようなものである[7]。すなわち、かつての卸・小売の機能上および地理上の流通経路に基づいて細分されていた商業の「原子的市場構造」は、チェーンストアの発達による売手集中によって事実上変容し、「寡占的核」としての少数の大ナショナル・チェーンと「競争的周辺部分」としての多数の小独立卸売商人と小独立小売商人とから成る市場構造におき換えられた。一方、ナショナル・チェーンの発展は、地方の商業に影響を与え、多数の地方的なチェーンおよび独立的小売業者連合などの形成を促したが、これによっても「核」にこれらが付加されたにすぎない。かかる構造変化の中で、小規模の商業企業は、その変化に急速に適応すべく組織を変化させない限り、破滅か相対的貧困かを余儀なくされた。

　1929年恐慌は商業部門における競争を激化させた。小売売上総額は、1929年に491億ドル、1933年に250億ドル、そして1935年に331億ドルであり、1929年から1933年にかけて半減した[8]。チェーンの売上高は、1929年に98億ドル、1933年に64億ドル、そして1935年に75億ドルであり、その全小売売上高に占める割合は、それぞれ20.0％、25.4％、そして22.8％であった[9]。ここに明らかなのは、大恐慌によってチェーンの売上高が激減したこと、にもかかわらず、チェーン売上高の全小売にしめる割合は1929年から1933年にかけて著増したことである。このことは、恐慌による大衆購買力の低下による売上高の減少を、チェーンストアが低価格をその主たる特徴の1つとする販売政策によって最小限にくい止めようと努力したことを示すとともに、逆に、その分だけ独立小売商の売上高およびその割合

が低下したことを示す。1935 年になってもまだ状況は恐慌前の状態には遠く及ばなかった。かかる事態は、独立小売商ならびに彼に商品を供給する独立的卸売商をますます困窮させるとともに、すでに 1920 年代から存在した反チェーン運動および反チェーン論を高めた。

　恐慌が激化する以前の反チェーン論の論点は次のようなものであった。第一に、チェーンによる不公正な競争手段の使用。チェーンは独立的商人を排除するために、彼の近くに立地し彼の価格以下で売る。顧客をひきつけるために原価以下で売る。地代を高くする。プライベート・ブランドを強制する。以上により独立的商人を廃業させ小売店舗の独占をはかる。そうなれば、仲買業者と卸売商人に深刻な影響を与えるし、また価格を支配するだろう。チェーンはしばしばその強力な大量仕入れ力によって製造業者に原価以下の販売を強制する。第二に、チェーンは公衆の必要を一部しか満さない。第三に、その雇用条件は低賃金と長時間労働により劣悪である。第四に、チェーンは店舗のマネジャーの創意を殺し、また少数者の不在者所有によって若者から機会を奪う。かくして、チェーン・システムの規模と非個人的性格は個人主義を破壊する。第五に、チェーンはその営業するコミュニティにほとんど貢献しない。独立小売商はコミュニティのパイオニアだが、チェーンはそうではない。チェーンは一般に地方コミュニティ事業を支持しない。コミュニティにおいて仕入れないし、利潤も留まらない。チェーンは顧客を小さい町から引き離す[10]。

　かかるチェーンストア批判論は反チェーン運動の中で述べられたものだが、大恐慌の深刻化する中で反チェーン運動は発展し、反チェーン論は反独占的あるいは反ウォール・ストリート的色彩を強めた。チェーン旧来の過度の中央集権化と官僚制化そして効率の狭すぎる見方は、大恐慌期において地方のチェーンストアを農村地域や小町における独占の象徴にした、とパラマウンテンは述べている[11]。

　チェーン対中小商業の対立を基礎とする反チェーン運動は、すでに 1920 年代からチェーン規制立法を要求していたが、実際に立法化が進むのは大恐慌とニューディールを契機とした。チェーンストア税法、ロビンソン＝パッ

トマン法、ミラー＝タイディングズ法、そして多数の州公正取引法および不公正慣行法がそれらの立法であった。チェーンストア税法は課税としてチェーンに直接向けられたが、他の諸法は、大量販売業者によって実行されているといわれる取引慣行上の不公正な利益あるいは濫用を排除することが目的とされた[12]。後者については小稿でふれることはできない[13]。さらに、大恐慌は財政危機を深刻化させることによってチェーンストア税法の制定に影響を及ぼした。フィリップスは言う。「固定資産税が嘆声を引き起こしたとき、多くの政治家は彼らの支持者たちに直接かからないように見える仕方で収入を増加させるためのいかなる提案にも敏感になっていた」[14]。かくして、チェーンストア税法制定運動は、食料品部門の独立的小売商を中心とする中小商業およびその利害を代表する政治家および州の財政当局を主たる担い手として推進された。

　他方、反チェーン運動の高まる中で、1928 年末に新たに組織された全国チェーンストア協会はまたたく間に実際上すべての部門の一流チェーンをその傘下におさめた。同協会はさまざまの反チェーン運動に対抗する教育事業、ロビイング、法廷闘争などを行った。チェーンストア税法案が提出された場合、同協会はその法案を葬り去るためのあらゆる措置を取ることを決定し、また法案が成立すると同協会は違憲判決をもとめて法廷闘争を展開した。1933 年に同協会は解散したが、その後のチェーンストア税反対の運動は大チェーン 14 社によって行われた[15]。

　州チェーンストア税法の法案提出および制定の状況は、第 1 表に示されている。初めて州議会に法案が提出されたのは 1923 年であり、1920 年代末には法案数は相当ふえたが、飛躍的に増加するのは 1929 年恐慌以後であり、1933 年には法案数はピークの 225 であった。1930 年代をつうじてかなり多い法案数は、1940 年代には急減し、戦後になると細々と法案提出が続いているにすぎない。法案が初めて制定されたのは、1927 年であるが、以後 1931 年になって 1929 年制定のインディアナ州法に対する連邦最高裁の合憲判決[16] が出るまで、制定されたチェーンストア税法はすべて違憲＝無効とされた。制定数は 1933 年の 13 がピークであり、1941 年の 2 法の制定以後

第1表　チェーンストア税法の制定状況（1923-1961年）

年次	法案数	成立したものの数	左の法律が成立した州名及びその後の経過
1923	1	0	
1924	1	0	
1925	2	0	
1926	1	0	
1927	13	3	ジョージア（A）　メリーランド（A）　ノースカロライナ（A）
1928	4	1	サウスカロライナ（A）
1929	62	3	ジョージア（A）　インディアナ（B）　ノースカロライナ（B）
1930	80	3	ケンタッキー（A）　ミシシッピ（B）　サウスカロライナ（I）
1931	175	3	アラバマ（B）　アリゾナ（C）　フロリダ（A）
1932	125	2	ルイジアナ（B）　ウィスコンシン（B）
1933	225	13	フロリダ（B）　アイダホ（C）　インディアナ（I）　メイン（C）　メリーランド（I）　ミシガン（B）　ミネソタ（B）　モンタナ（B）　ニューメキシコ（B）　ノースカロライナ（B）　バーモント（A）　ウエストバージニア（I）　ウィスコンシン（A）
1934	40	4	コロラド（H）　ケンタッキー（A）　ルイジアナ（I）　ニューメキシコ（A）
1935	163	9	アラバマ（I）　カリフォルニア（D）　フロリダ（B）　アイオワ（I）　ミシガン（I）　ノースカロライナ（B）　サウスダコタ（A）　テキサス（I）　ウィスコンシン（E）
1936	27	2	ケンタッキー（A）　ミシシッピ（B）
1937	97	8	ジョージア（C）　ミネソタ（E）　モンタナ（A）　ノースカロライナ（B）　ペンシルバニア（A）　サウスダコタ（B）　テネシー（I）　ウィスコンシン（E）　ミシシッピ（B）
1938	19	1	ミシシッピ（B）
1939	99	4	モンタナ（I）　ノースカロライナ（F）　サウスダコタ（C）　テネシー（A）
1940	10	2	ケンタッキー（A）　ミシシッピ（I）
1941	45	2	フロリダ（C）　ユタ（D）
1942	7	0	
1943	20	0	
1944	4	0	
1945	10	0	
1946	1	0	
1947	12	0	
1948	3	0	
1949	16	1	ノースカロライナ（1939年参照）
1950	4	0	
1951	8	0	
1952	0	0	
1953	3	0	
1954	2	0	
1955	9	0	
1956	1	0	

1957	8	1	ウェストバージニア（J）
1958	1	0	
1959	8	0	
1960	2	0	
1961	4	0	
	1,312	62	

その後の過経の説明　(A) 無効となった　(B) 他の法律に引き継がれた　(C) 廃止された　(D) 住民投票により拒否された　(E) 時限法のため効力を有する期間が満了して失効した　(F) 累進税が1949年に一律の税に改められた　(H) 人民投票により支持された　(I) 現に施行されている　(J) 1933年に設けられていた税を増額させた。

（出所）　Godfrey M. Lebhar, *Chain Store in America 1859 - 1962*, 1963, p. 142.
　　　　　倉本邦夫訳『チェーンストア米国百年史』1964年、159 - 160 ページ。

第2表　各州における反チェーンストアの法律制定の状況（1961年現在）

制定されなかった州		制定されたが効力を失った州	現に施行されている州
アラスカ	ノースダコタ	アリゾナ（a）	アラバマ
アーカンサス	オハイオ	カリフォルニア（b）	コロラド
コネチカット	オクラホマ	フロリダ（a）	インディアナ
デラウェア	オレゴン	ジョージア（a）	アイオワ
ハワイ	ロードアイランド	アイダホ（a）	ルイジアナ
イリノイ	バージニア	ケンタッキー（c）	メリーランド
カンサス	ワシントン	メイン（a）	ミシガン
マサチューセッツ	ワイオミング	ミネソタ（d）	ミシシッピ
ミズーリ		ニューメキシコ（c）	モンタナ
ネブラスカ		ペンシルベニア（c）	ノースカロライナ
ネバダ		サウスダコタ（a）	サウスカロライナ
ニューハンプシャー		ユタ（b）	テネシー
ニュージャージー		バーモント（c）	テキサス
ニューヨーク		ウィスコンシン（d）	ウェストバージニア

（a）廃止された。（b）住民投票により拒否された。（c）裁判所の判決により無効となった。（d）期間満了により効力を失った。廃止・拒否・無効などの時期は州により異なる。
（出所）　Godfrey M. Lebhar, *op. cit.* p. 144. 前掲訳書、161 ページ。

実質的にチェーンストア税法は制定されなかった。1927年から1941年にかけての制定数は計60であった。また同期間の法案提出数は1184で、1923年から1961年までの総数の9割以上をしめている。以上から、チェーンストア税法制定が州レベルでの主要政策問題の1つであった時期は、1920年代後半と1930年代の15年間ほどであったことがわかる。

　さらに、第1表は、各州におけるチェーンストア税法の成立時期を示して

16

いる。制定した州は、1929 年恐慌までは、インディアナ州を除くとすべて
南部大西洋岸地方にあった。大恐慌の中で、南部の他の諸州に制定州が広が
り、さらに全国に広がった。第 2 表は制定州および非制定州の一覧表である。
第 3 表は各州の 1935 年現在のチェーン本社所在数を示し、第 4 表は州ごと
のチェーンストア売上高の総小売売上高に占める割合を示している。第 3 ・
4 表は不十分ながらチェーン発展の地域的不均等性を示すものである。以上
の諸表をあわせてみると次の点が明らかとなる。第一に、制定しなかった州
には、ニューヨーク、イリノイ、オハイオ、マサチューセッツ、ミズーリ、

第 3 表　チェーンの Home Office の州別分布、1935

Home Office 所 在 州	チェーン数	Home Office 所 在 州	チェーン数
アラバマ	51	ネブラスカ	70
アリゾナ	15	ネヴァダ	3
アーカンサス	48	ニューハンプシャー	15
カリフォルニア	484	ニュジャージー	129
コロラド	56	ニューメキシコ	12
コネティカット	75	ニューヨーク	841
デラウェア	5	ノースカロライナ	83
コロンビア地区	36	ノースダコタ	17
フロリダ	70	オハイオ	400
ジョージア	97	オクラホマ	99
アイダホ	24	オレゴン	60
イリノイ	493	ペンシルヴァニア	390
インディアナ	132	ロードアイランド	21
アイオワ	137	サウスカロライナ	39
カンサス	109	サウスダコタ	21
ケンタッキー	61	テネシー	98
ルイジアナ	71	テキサス	302
メイン	32	ユ タ	39
メリーランド	65	ヴァーモント	11
マサチューセッツ	277	ヴァージニア	70
ミシガン	241	ワシントン	84
ミネソタ	155	ウェストヴァージニア	66
ミシシッピ	29	ウィスコンシン	149
ミズーリ	264	ワイオミング	11
モンタナ	22	合衆国計	6,079

（出所）Census of Business, 1935, Retail Chains, p. 16. John P. Nichols, *The Chain Store Tells Its Story*, 1940, p. 201. より引用。

第4表　チェーンストア売上高の比率

州	1935	1933	1929	州	1935	1933	1929
合衆国計	22.8	25.4	20.0	モンタナ	14.8	16.9	15.1
アラバマ	16.7	17.9	14.5	ネブラスカ	16.5	17.9	13.0
アリゾナ	22.2	27.2	21.6	ネヴァダ	15.2	19.0	10.3
アーカンサス	12.3	14.1	11.5	ニューハンプシャー	20.6	22.3	16.1
カリフォルニア	25.7	27.7	23.1	ニュジャージー	25.1	27.3	22.5
コロラド	22.3	19.6	15.9	ニューメキシコ	15.9	16.1	13.6
コネティカット	24.5	27.5	21.1	ニューヨーク	25.0	27.8	23.9
デラウェア	19.9	23.9	16.5	ノースカロライナ	19.8	22.0	16.1
コロンビア地区	29.7	28.4	26.3	ノースダコタ	15.9	18.2	13.1
フロリダ	22.2	24.9	17.5	オハイオ	24.0	28.1	21.7
ジョージア	18.7	21.3	17.0	オクラホマ	21.4	22.4	18.2
アイダホ	19.9	23.1	20.7	オレゴン	17.7	19.3	16.5
イリノイ	29.3	30.6	23.6	ペンシルヴァニア	24.9	29.0	21.2
インディアナ	24.3	27.0	19.0	ロードアイランド	26.2	29.5	24.2
アイオワ	17.7	20.8	15.0	サウスカロライナ	16.2	17.6	13.1
カンサス	17.7	21.3	15.9	サウスダコタ	18.1	21.4	13.9
ケンタッキー	19.5	21.1	15.2	テネシー	17.9	19.5	14.8
ルイジアナ	17.8	18.5	13.2	テキサス	18.0	19.2	16.4
メイン	19.6	18.5	13.7	ユタ	22.2	24.5	17.5
メリーランド	19.2	20.4	18.8	ヴァーモント	18.3	17.6	10.5
マサチューセッツ	28.9	30.8	23.8	ヴァージニア	19.2	20.6	16.4
ミシガン	25.3	30.0	23.5	ワシントン	18.7	21.3	18.4
ミネソタ	15.1	17.8	13.5	ウェストヴァージニア	21.3	21.9	17.4
ミシシッピ	11.1	12.3	7.5	ウィスコンシン	17.6	19.5	16.5
ミズーリ	20.4	22.3	18.0	ワイオミング	14.7	15.4	12.2

（出所）Census of Business, 1935, Retail Chains, p. 10. Theodore N. Beckman & H. C. Nolen, *The Chain Store Problem*, 1938, p. 37. より引用。

ニュージャージーなど北部・東部の十分にチェーンの発展した諸州が含まれる。第二に、制定した州のうちカリフォルニアとペンシルヴァニアはともにチェーンが十分に発達しているが、カリフォルニア州法は1936年の住民投票によって拒否され、またペンシルヴァニア州法は1939年に違憲判決をうけた。第三に、以上8州のチェーン数を合わせると3279であり、それだけで合衆国合計数の半分以上である。第四に、ダコタ、ロードアイランドなどのチェーン数の極めて少ない諸州が含まれる。第五に、制定諸州はチェーンの発展状況が比較的中位にあった。第六に、28州により制定されたが、現に施行されている（1961年現在）諸州は14である。以上から、チェーンス

トア税法が実際に効果を及ぼした州はかなり限定されたものであり、そして
チェーンの発展状況により各州のチェーンストア税法制定がある程度決定さ
れたと言えよう。

II　ブランダイス判事のチェーンストア税法擁護論（合憲性問題）

　制定されたチェーンストア税法は、チェーンによる法廷闘争の対象となっ
た。チェーンは、合衆国憲法修正第 14 条による違憲立法審査をもとめたの
である [17]。ブランダイス判事のチェーンストア税法に対する見解は、1931
年制定のフロリダ州チェーンストア税法に対する 1933 年の連邦最高裁判決
の中で、少数意見としてあらわされた [18]。

　まずフロリダ州法の内容を見よう。同法は、1931 年 9 月 30 日以後年 1 回
免許を獲得しなければいかなる小売店の営業をも禁止し、とりわけ一部累進
的な年料金を規定する。小売店の所有者が 1 店舗だけを営業する場合、州の
料金は 5 ドルであり、それ以上の場合には、追加的店舗についての料金は、
第一に営業店舗数そして第二に営業される全店舗が単一のカウンティに立地
するかどうかに基づいて、段々と増加する。最高料金は 75 を超える店舗に
ついてのものであるが、全店舗が単一のカウンティ内にあるとき、75 を超
える各店舗の料金は 40 ドルであり、そうでないときの料金は 50 ドルである。
この法律の下で、たとえば 100 店舗の所有者は、その全店舗を単一カウン
ティ内に立地するとき店舗当り 33.65 ドルを支払うことになる。他方、100
店舗が独立に所有されるとき、各店舗についての年料金は 5 ドルにすぎない。
判決において連邦最高裁は、フロリダ州法の中でさきに合憲判決のあったイ
ンディアナ州法と類似した規定については支持したが、その新しい特徴であ
る 1 つを超えるカウンティに立地する場合の規定については、この分類のた
めのいかなる妥当な根拠も発見できないから恣意であり、したがって無効で
あるとした（542）。これに対して、ブランダイスは合憲性は認定されるべき
だとして次のように言う。「免許料は単に課税ではない。この料金は、会社
形態で州内商業を遂行するという特権に対して取り立てられる代償金である。

この特権は州が与えたり与えずにおいたりすることのできるものであるから、州は好きなように代償金を課することができる。」また「多店舗営業あるいは複数カウンティでの営業の権限は、単一店舗営業あるいは単一カウンティ内営業の特権より確かに広い権限であるから、この記録には、より大きい特権に対し料金をより高くすることが妥当ではないという事実認定のための根拠は何も無い」(569)。

　ブランダイスは、フロリダ州チェーンストア税法の目的とそれが憲法上反対されるべきではないことを詳細にわたって述べるにあたり、その前提として、かつていくつかの州が行っていた会社の規模と活動に対する制限が除去されていった歴史を振り返るとともに、その除去の経済的影響を次のように要約している。「規模によって会社は……制度になった……。19世紀の典型的な事業会社は……巨大会社にとってかわられつつある。」「所有権は支配から分離させられてしまった。」「株式の所有権が持続的により分散されるようになっていくとき、以前には所有権に伴った支配力はますます少数者の手中に集中されている。」「多分我々の産業上の富の2/3は、個人の所有から……会社の所有権に移ってしまった。それぞれ9000万ドル以上の資産をもつ200の銀行以外の会社が我々の全国富の約1/4を直接支配」する。「これらの巨大会社の成長と時を同じくして個人的富の顕著な集中が生じた。そして結果として生ずる所得の不平等は現在存在する不況の主要な原因である」[19] (565-567)。

　巨大会社はチェーンの中にも存在する。「これら200社の中に、原告のうち5社がある」[20]。これらの原告と他のチェーンに対して、フロリダ州の個人的小売商たちは「生存のための競争」に携っている。チェーンストア税法の制定を支持・推進したフロリダ州市民たちの信念にことよせ、ブランダイスは次のように言う。「チェーンストアは富と支配力の集中をおし進めることにより、また不在者所有を促進することにより、アメリカの理想を妨げつつある、それは機会の平等を不可能にしつつある、そしてそれは中小の市や町の資源、活気そして希望を消耗させつつある、と彼らは信じたのかもしれない」(568-569)。ここには、明瞭にブランダイス自身の反独占的な経済的・

社会的思想があらわれている[21]。以上がブランダイスの前提であり、この上に立って、チェーンストア税法の法的根拠づけを行うことが、ブランダイスの少数意見執筆の目的であった。

まずフロリダ州法の目的が述べられる。「フロリダ州法の目的は普通の課税と異なり、単に収入の増加ではない。その主たる目的は社会的および経済的である。チェーンストアは公共の福祉を脅かすものとみなされる。同法の目的は少くとも独立店のチェーンストアとの競争を保護することであり、最高の場合その目的は会社チェーンストアを小売業から完全に排除することだ」(569-570)。

原告（チェーン）は、かかる統制目的のための課税権の使用の可能性そのものを疑問とするが、「州が『ある産業または産業の形態に有利であるような方法で歳入法と課税制度を調整すること』によって『ある政策を遂行することができる』ことは、解決済みである」。州は、課税または免除によりある業種を抑制または促進することができるが、これはまた連邦政府の慣例でもあった。かかる統制目的のための課税権の利用は、「議会および州立法部の憲法上の権限である。その権限の行使の判断は、この法廷の関わることではない」(570-571)。

次に、会社チェーンストアに対して免許料の差別を自由に適用できるかどうかが問題である。「その差別の目的が許されたものならば、使用される差別は求められる目的を達成するのに適当な手段」(571)であるが、「競争の促進と抑制は、そのために課税権が行使されうる１つの目的」であり、「税率の差別はその目的のための効果的な手段である」(572)。ここでは、「分類は『立法の目的に公正かつ実質的な関係を持つある根拠ある差異にもとづかねばならない』という平等条項の要求は、満たされている」(572)。規模の差違が税率の差別の十分な根拠となるのは自然人の間においてもそうなのだから、まして「会社と自然人との間の支配力の差違は、彼らを異った等級に配置するため十分な根拠である」(572)。しかし、合衆国憲法は税が納税者の受け取る利益あるいは納税者の負担能力に比例すべきだとは命じないのだから、「州は税率の差異を、効率は規模と共に増加するという主張のような

論争の余地ある根拠に基づかせる必要はない」(573)。

　さらに州の権限は、単に課税あるいは免除による抑制あるいは促進に留まらない。「事業は戦時と同様平時にもコミュニティの最高の利益に従わねばならないのだから、州は有害と認められる事業を禁止することができるし、同様に他の点では慈善心に富む事業の発生あるいは異常増殖を禁止することができる」。したがって、「会社チェーンストアに明示されるような小売商業の大きさが公共の福祉を脅かすと州が結論すべきなら、州はそれがトラックの過度の規模と重さあるいは都市の建築物の過度の高さを禁止するように、その事業の過度の規模と範囲を禁止するかもしれない」(574)。これは、会社メカニズムの絶対的禁止によって達成されうる。あるいは、州はまず、より穏健な手段たる差別的免許料のハンディキャップによるチェーンの抑制の試みを採用するかもしれない (574)。「社会的および経済的実験を行う州の権限は広いものである」(575)。

　以上、チェーンストア税法の目的とそれを遂行するための権限について述べたのに続いて、ブランダイスは、それらと合衆国憲法修正第14条との関係を考察する。

　納税者は単に会社であることによって平等条項の保護から排除されない。会社と自然人とは大抵の目的のために同じ等級にある。しかし、フロリダ州法の主目的は明らかに会社チェーンストアにハンディキャップをつけることである。この場合、「立法の目的そのものが不平等を生みそれによって会社チェーンストアの設置あるいは維持を妨害すること」であり、「より高い免許料は妨害の適当な手段」であり、そして「会社は州内商業に従事する固有の権利を持たない」のだから、「免許料の差別の他の正当化は何も示される必要はない」。このとき、修正第14条の平等条項と適法手続条項の明らかな区別を見落としてはならない。すなわち、適法手続条項は「普遍的適用」があり、「等級を知らない」が、一方平等条項の効力は「ある等級のメンバーに制限されている」(575)。「会社は個人と同じ税法の平等保護をうける必要がある」という裁判所の言明は、この制限を受ける必要がある (576)。差別が許された目的のためにあるとき、所有者の会社的性格のあらわす所有権の

22

差異は、規制におけると同様、「課税における分類」のただ1つの根拠とされるかもしれない。そのような場合、「差別は許された目的のためになされそしてその目的に相応しいから、恣意と考えられることはできない」(576)。

さらに、ブランダイスは、原告による、会社チェーンに課税しコーオパラティヴ・チェーンに課税しないのは平等保護条項に違反するのではないかという主張に答える。「資本家的会社による州内商業の支配を阻む手段として差別的課税を適用する州の権限は、経済的必要の存在を条件としてはいない」(578)。「資本家的企業と協同組合——経済的専制主義と産業民主主義——との間の根本的差異は、立法部および裁判所によって規制と課税とにおける差別を正当化するものとして通例容認されてきたものである」(579)。

ブランダイスは、最後に、巨大会社の生む害悪、小企業家たちの過去と将来の能力、多数者の事業の責任と決定への参加による道徳的・知的発展と自由の維持についてのアメリカ人の広範な信条についてのべたのち、かかる信条をもつフロリダ市民がチェーンストア税法を制定しようとする努力を「阻む何物も合衆国憲法の中には無いことを知っている」と結んだ（579)。

ブランダイスは、チェーンストア税法の目的が独立小売商の保護であることを認め、立法のそのような機能の正当性を主張した。ブランダイスのいう会社が明らかに独占的大企業を指すものであった以上、かかるブランダイスの主張は課税による反独占的商業政策の遂行の擁護であったといえよう。ある論者は「彼のこの事件における意見は、近年裁判所から生じた19世紀自由主義の信条の最も有力な反復である」とのべている[22]。しかし、ブランダイスの、独立的小売商の協同についての肯定的評価だけを見てもわかるように、単なる過去の理念の反復が行われたのではなかった。

チェーンストア税法に対する違憲立法審査の経過は以下のとおりである。1927年にメリーランド、ノースカロライナ、ジョージアの3州で初めてチェーンストア税法が成立した。このうちメリーランド州法は全面的禁止の試みとして興味あるが、違憲と判決された。他の2法は恣意的分類に基づくものとして違憲とされた[23]。初めて連邦最高裁において合憲の判決（1931年）を得たのは、1929年制定のインディアナ州法である[24]。同法は単一店

舗に対する 3 ドルからチェーンの 20 を超える各店舗に対する 25 ドルまで税率を累進的に増加させるものであった。「単一の所有権と管理」の下にある店舗の数にもとづいて店舗の営業者に累進的な免許料を課する同法は、税率こそ低かったが、そのタイプが合憲とされたことによって、以後の立法に大きな影響を与えた。多数意見は言う。「我々の義務は別個に分類される職業の間に実質的な差異があるならば立法部によって採用された分類を支持することである。そのような差異は大きい必要がない」[25]。またその差異は「単に所有権にあるのみならず、組織、管理および行われる事業の形態にもある」[26]。次は 1933 年のフロリダ州法判決であるが、これは既に述べた。1933 年制定ウェストヴァージニア州法の 1935 年合憲判決は、「課税権が存在するとき負担の程度は立法者の自由裁量の問題」であり、「たとえ税がある事業を破壊するとしても、その根拠のみに基づいて無効とされたり補償を要求されたりすることは無い」と言明した[27]。1935 年のもう 1 つの重要な判決は、売上高を課税標準とし累進的税率を持つケンタッキー州法を売上高のみによる分類は恣意であり無効とした[28]。1934 年制定のルイジアナ州法は課税標準の店舗数をチェーンの州内営業店舗数ではなくチェーンの総店舗数に依った点で画期的であったが、これについては 1937 年に合憲判決が出た[29]。多数意見は言う。「もしチェーンの競争上の利益がその構成する環の数とともに増加するなら、これらの利益が州の境界で終わる方法を知るのは困難である」[30]。さらにこの判決は州の警察権にふれている。「課税は州の警察権の行使の手段とされうる。そして公正な競争条件を促進し経済的利益を均等化するための諸等級間の正当かつ妥当な差別はそれゆえ法律上有効である」[31]。

　連邦最高裁の判決の結果は、次のように要約できる。店舗数を課税標準とする累進的免許税は有効であり、その累進税率は自由に決めることができる。またチェーンストア税法は州の課税権および警察権に基づく。かくして、税の形式さえ守れば、それを道具として州がチェーンストアを統制しうることは憲法上認められ、ブランダイスののべたいくつかの点は公認された。また合憲・違憲の認定を僅差[32]で決める連邦最高裁判決は必ずしも一貫したも

のではなかった。しかし、とにかく、課税権プラス警察権による州の反独占的中小商業保護政策の憲法上の有効性が認められたのは、この問題の1つの成果であった。

Ⅲ　チェーンストア税の特徴と批判論

　制定されそして実施されたチェーンストア税法は、連邦最高裁の判決の結果から、ほとんどが累進税率を持つ免許税となった。第5表は、この制定運動が事実上終結した段階のチェーンストア税を示している。チェーンストア税は累進的免許税といってよい。その課税対象は、同一の一般的な管理、指揮、支配、あるいは所有権の下にある店舗の営業あるいは維持である[33]。その課税標準は、テネシー州法の場合が床面積であるのを除けば、店舗数である[34]。税率は店舗数に従って累進的となるが、個々の店舗の大きさを考慮しない。そのとき2つの型がある。第一はインディアナ型であり、店舗数は州内営業店舗のみを基準とする。この場合は段階累進である。この型のチェーンストア税は最も早くから認められまた最も数も多い。第二の型を初めて採用したのは、1934年のルイジアナ州法である。ここで店舗数はチェーンの営業する全店舗を基準とする。単純累進がとられる。この場合、納税者はまず州内外をとわず営業店舗総数に従って分類され、そしてその州内に存在する各店舗に対して、チェーンの店舗総数があてはまるブラッケットに適用される税率によって、課税される。この型は、1937年のルイジアナ州法の合憲判決以来いくつかの州で採用されて来た。

　チェーンストア税の各州法ごとの特徴を示すものは税率の差違である。各州はきわめて雑多な税率を課し、したがってその影響も異なる。さきの第一の型については、最高税率の店舗数が多くそして各店舗についての税額が小さいほど、大チェーンにとっての負担は少なくなる。たとえば、モンタナ州の最高税率とノースカロライナ州のそれとを比較せよ。第二の型の場合、最高税率の店舗数が多くそして各店舗についての税額が多いほど、大チェーンは大きい負担を課せられる。また、最高税率の店舗数が少なくそして各店舗

第5表 チェーンストア（税率）

州　　　名	最　低　税　率		最　高　税　率		
	店舗数	1店舗につき	店舗数	1店舗につき	
ア　ラ　バ　マ	1	1 ドル	20 超過	112.5 ドル	(1)
コ　ロ　ラ　ド	1	2	24 〃	300	(1)
フ　ロ　リ　ダ	1	10	50 〃	400	(2) (3)
ジ　ョ　ー　ジ　ア	1	2	39 〃	200	(1) (3)
ア　イ　ダ　ホ	1	5	19 〃	500	(1) (3)
イ　ン　デ　ィ　ア　ナ	1	3	20 〃	150	(1)
ア　イ　オ　ワ	2 - 10	5	50 〃	155	(1)
ケ　ン　タ　ッ　キ　ー	2 - 5	25	250 〃	200	(2)
ル　イ　ジ　ア　ナ	1 - 10	10	500 〃	550	(2)
メ　リ　ー　ラ　ン　ド	2 - 5	5	20 〃	150	(1)
ミ　シ　ガ　ン	2 - 3	10	25 〃	250	(1) (3)
ミ　シ　シ　ッ　ピ	3 - 5	10	250 〃	300	(2)
モ　ン　タ　ナ	1	5	5 以上	200	(1) (3)
ノ　ー　ス　カ　ロ　ラ　イ　ナ	2	65	201 超過	250	(1) (3)
サ　ウ　ス　カ　ロ　ラ　イ　ナ	1	5	29 〃	150	(1)
サ　ウ　ス　ダ　コ　タ	1	1	50 〃	150	(2)
テ　キ　サ　ス	1	1	50 〃	750	(1)
ウ　ェ　ス　ト　ヴ　ァ　ー　ジ　ニ　ア	1	2	75 〃	250	(1)
テ　ネ　シ　ー	100 平方フィートの床面積につき3ドル				

　注 (1) 段階累進。州内の店舗数にもとづく。
　　 (2) 単純累進。チェーンの営業する全店舗数にもとづく。
　　 (3) それぞれ特殊な追加的税を持ったり、カウンターの数によって税率が決まった
　　　　り、その他さまざまな追加的な特徴を持っているが、ここでは省略する。
　(出所) *Tax Systems, 10. ed.* (Commerce Clearing House, Inc., 1946), pp. 192 - 194.

についての税額が大きいほど中程度のチェーンの負担が重くなる。たとえば、ルイジアナ州の最高税率とフロリダ州のそれとを比較せよ。ルイジアナ州法の場合は、とりわけ大ナショナルチェーンに重課され地方小チェーンの負担は軽くなる。ルイジアナ州法の税率は第6表に示される。同法制定のとき、A＆P社は計1万5082店を営業していたが、ルイジアナ州内にあったのは106店であった[35]。したがってルイジアナ州は年免許料5万8300ドルを支払わねばならないが、もし総店舗106を有しそのすべて同州内で営業するチェーンがあるとすれば、それは5300ドルの年免許料を支払えば足りるのである。

　チェーンストア税は州ごとに異なった税率を持ち、チェーンはその規模お

第6表　ルイジアナ州法による税率

(1934年制定)

チェーンの店舗総数		州内にある各店舗についての税額
(a)	1-10	10 ドル
(b)	11-35	15
(c)	36-50	20
(d)	51-75	25
(e)	76-100	30
(f)	101-125	50
(g)	126-150	100
(h)	151-175	150
(i)	176-200	200
(j)	201-225	250
(k)	226-250	300
(l)	251-275	350
(m)	276-300	400
(n)	301-400	450
(o)	401-500	500
(p)	500 超過	550

（出所）*Tax Systems of the World, 7. ed.* 1938, p. 181.

よびその地域的発展の程度が異なるから、同税のチェーンに対する影響もさまざまである。以上簡単に見ただけでもそのことは明らかである。ルイジアナ州法型の税が全国的に広がったならばかなりの規制効果があっただろうと推測される[36]が、実際にはそもそも州のチェーンストア税法制定そのものに地域的な不均等があったように、税の型にも税率にも不均等はあったのであり、それらはチェーン発展の地域的不均等性を基礎として各州の多様な異なる事情に決定されていた。そのうちの1つに政治家の有無がある。かのヒューイ・ロングは言った。「私はルイジアナ州においてチェーンストアより泥棒やギャングを持ちたい」[37]。合衆国全体でみれば、かかる不均等性は大チェーンに対する規制効果を弱める役割を果した。

　チェーンストア税による税収は第7表に示されている。合衆国全体では、その税収は500万ドル前後であり、その州税収総額にしめる割合は0.1％前後であった。若干の州を除けば税収額も割合もネグリジブルであった。チェーンストア税本来の目的からして、それは当然のことであったかもしれない。

　以上の特徴を持つチェーンストア税について、その目的と効果とをかかわらせた論評がなされている。そのほとんどは、同税の税としての欠陥・不備を指摘するものであった。3点にわたってのべよう。チェーンの破壊、課税の公平そして競争条件の均等化である[38]。

　チェーンストア税によるチェーンの破壊とその論拠についてはブランダイスについてのべた所を参照されたい。チェーンストア税は全体としてかかる

効果をもたらさなかった。それが行ったのはチェーンの限界的店舗の閉鎖を促進し、チェーンの経営合理化をおしすすめたくらいのことであった[39]。

次は課税の公平である。商人の在庫に対する財産税はチェーンストアに有利にそして独立商人に不利に差別する。その不公平を証明する調査も存在した[40]。チェーンストアが財産税の下で享受する利益とは次のようなものである[41]。(1) チェーンストアは概して比較的小さい在庫と急速な商品回転率で営業する。(2) 税額査定者は、独立商人の場合その帳簿あるいは所得税納入申告書によって在庫にかんする事実を知ることができるが、チェーンの場合簿記の大抵はある遠隔の市でなされ所得税納入申告書は個々の単位店舗によってでなく全体として提示されるから、チェーンストアについてそのどちらも利用できない。(3) チェーンストア・システムの持つ無形財産は単位店舗の査定額の中に出て来ない。(4) 商品在庫がその所有者にとっての費用で査定されるならば、独立商人の在庫品価値に入る卸売の費用は、チェーンストアの在庫品の査定においては省略される。(5) チェーンストアは在庫を操縦する機会を持つ。州間の査定日の差異または市間の税率の差異は負担減少のために使用される。以上は、チェーンの効率と営業の秘密によって生ずる。これに対して、課税の公平のために新たにチェーンストア税を賦課することについて、20世紀財団は批判する。「個人財産税の額あるいは管理上の非効率の程度に関係なく課せられるある特別税によって、(財産税の) 管理の不十分が、何らかの程度の正確さをもって相殺されうるとは、ほとんど考えられない」[42]。

第三は競争条件の均等化である。この目的に対してチェーンストア税は次のように批判される。この目的は、チェーン形態の組織の特殊な利益は測定されうるし課税によって相殺されうるという仮定に立つが[43]、従来の同税はその仮定に沿うものではないし、チェーンと百貨店とを差別し大チェーンと小チェーンとの差異を無視する[44]。したがってこの目的も達成されない。かくして、20世紀財団租税委員会は全チェーンストア税の即時廃止を勧告する[45]。

チェーンストア税は店舗数を課税標準とする外形標準課税でありしかも累

第7表　チェーンストア税 (1940-1943)

	チェーンストア税 (税収)			(ドル)
	1940	1941	1942	1943
ア　ラ　バ　マ [1]	110,849	99,781	104,792	108,500
コ　ロ　ラ　ド	192,555	162,394	145,952	139,686
デ　ラ　ウ　ェ　ア	19,176	25,630	29,633	28,297
フ　ロ　リ　ダ	1,110,577	1,216,277	917,877	911,115
ジ　ョ　ー　ジ　ア	177,194	193,159	180,320	161,882
ア　イ　ダ　ホ	70,492	47,739 [2]	96,695	62,457
イ　ン　デ　ィ　ア　ナ	559,335	551,510	522,231	453,866
ア　イ　オ　ワ	124,575	151,713	40,501	37,502
ケ　ン　タ　ッ　キ　ー	19,947	257,040	160,101	149,096
ル　イ　ジ　ア　ナ	124,982 [3]	134,302	140,821	130,697
メ　リ　ー　ラ　ン　ド	71,137	[5]	65,116	63,807 [4]
ミ　シ　ガ　ン	586,771	565,089	538,096	468,532
ミ　ネ　ソ　タ	[6]	192,040	47,746	18,916
ミ　シ　シ　ッ　ピ　ー	24,690	51,919	69,643	62,529
モ　ン　タ　ナ	121,170	127,479	164,440	109,052
ノ　ー　ス　カ　ロ　ラ　イ　ナ	324,945	152,385	188,350	208,518
サ　ウ　ス　カ　ロ　ラ　イ　ナ	93,712	98,695	95,590	94,392
サ　ウ　ス　ダ　コ　タ	46,400	45,098	43,183	46,708
テ　ネ　シ　ー	108,152	86,975	88,158	90,138
テ　キ　サ　ス	·703,805	734,097	739,747	1,946,876
ウェストヴァージニア	110,225	96,107	86,512	77,732
計	4,700,689	4,989,429	4,465,504	5,370,298

注　(1) 9月30日に終わる財政年度。他の州は、6月30日に終わる財政年度。
　　(2) 6ヵ月分。(3) 6ヵ月分。(4) 9ヵ月分。(5) 数字は使用不能。(6) 1940年には訴訟中。
　　(7) チェーンストア税の税収の合計÷全州の州税収。この欄は同じ。
(出所) *Tax Systems*, 10. ed., 1946, pp. 273, 312.

進税率を持つものなのだから、「課税の公平」と「競争条件の均等化」という目的を計算機のように正確に果すことは本来できない。したがって、20世紀財団のような論じ方をすれば、必ずその税としての不備・不十分を嘆くことになる。すでにブランダイスはこの問題について別の仕方で答えていた。とはいえ、チェーンの営業の秘密と1930年代の不況とを前提してみれば、チェーンストア税は税としても一定の意味を持っていたと言えよう。

　20世紀財団は廃止勧告を出すに際し、チェーンストア税が効率的な商業に依存する多数の小所得者の生計費を上昇させるという論拠も述べてい

割合（チェーンストア税収÷州税収）（%）			
1940	1941	1942	1943
0. 224	0. 183	0. 166	0. 146
0. 487	0. 388	0. 322	0. 288
0. 149	0. 195	0. 222	0. 221
1. 981	1. 906	1. 415	1. 564
0. 334	0. 319	0. 257	0. 239
0. 483	0. 499	0. 609	0. 398
0. 548	0. 501	0. 420	0. 370
0. 167	0. 205	0. 049	0. 050
0. 037	0. 424	0. 241	0. 245
0. 227	0. 162	0. 155	0. 131
0. 125	(5)	0. 094	0. 101
0. 299	0. 245	0. 215	0. 200
(6)	0. 202	0. 046	0. 017
0. 076	0. 139	0. 154	0. 126
0. 906	0. 906	1. 073	0. 708
0. 378	0. 155	0. 169	0. 169
0. 271	0. 240	0. 190	0. 184
0. 263	0. 265	0. 268	0. 274
0. 213	0. 157	0. 132	0. 134
0. 487	0. 481	0. 438	1. 103
0. 163	0. 155	0. 128	0. 116
0. 114 [7]	0. 113	0. 090	0. 112

た[46]。またある論者はルイジアナ州法合憲判決を論評し次のように結んだ。「同法廷はより効率的な小売商業のシステムであると自ら認めるものに罰則を適用することによって、消費者たちが不利な影響を受けるかもしれないということを認識するように見えるところはどこにも無い」[47]。ここに言われた問題にかかわらせながら次に、チェーンストア税法制定運動の終結を見なければならない。

Ⅳ　カリフォルニア住民投票のことなど

　1936年11月に行われたカリフォルニア州住民投票は立法の流れを変えた
ものと評価されている[48]。1935年6月に州議会で可決されたチェーンスト
ア税法は、インディアナ州法型であり、その税率は第1番目の店舗の1ドル
から始まって順に倍加され第9番目の店舗の256ドル、そして第10番目以
上の各店舗の500ドルであった[49]。チェーンにとりかなりきびしい内容の
法律であるが[50]、同法は税の形式上から見て憲法上の問題はないから、同
法を無効にするには法廷闘争は役立たない。従って住民投票が採用された。
　13カ月余りのチェーンストア税法反対運動において、チェーンはまずカ
リフォルニア州チェーンストア協会を組織したが、これに加わった約65の
チェーンは反対運動に要する費用を分担した。次に運動の展開のために一流
広告代理店ロード＝トマス社を選択した[51]。広告代理店を使用してチェー
ンはその低価格と効率を強調し、それによって多くの消費者の支持を獲得し
た。一層の成功を見たのは農業団体に対するアピールであったが、とりわけ
1936年のカリフォルニア州農業の生産過剰はチェーンに有利であった。桃
の缶詰、乾燥果実について、チェーンとりわけA＆Pはその販売促進に成
功した。またチェーンは旱魃によって屠殺を余儀なくされた多数の家畜の肉
の販売をプッシュした。広告代理店はこれらをできるだけ利用した。かくし
て、州全体では2対1でチェーンストア税を拒否した住民投票は、農業地域
では3対1で拒否したのである[52]。「チェーンストア側としてなすべきこと
は、投票者たちのさまざまの集団に対してこの税が及ぼす影響を彼らの個人
的利害関係の見地から説明するにあった」とロード＝トマス社副社長ドン・
フランシスコは語った[53]。
　かかる世論喚起、大衆動員そして利害集団の吸収によるチェーンストア税
法の否定は、連邦議会レベルでは1938年2月のパットマン議員の連邦チェー
ンストア税法の提案をめぐって、さらに拡大された広がりをもって展開され
た。この法案は1940年6月に廃案となったが、そこに至るまでに、労働組

合、消費者団体を含むほとんどあらゆる団体が同法案反対を表明し、最後に
ローズヴェルト政権もそれに加わるに至った[54]。

　以上のカリフォルニア州および連邦議会を舞台としたチェーンストア税法
否定の過程は、チェーンの流通支配およびそれを消費者利益と結合する広
報・宣伝活動が勝利を占めていく過程であった。ブランダイス判事は言った。
「会社の支配からの脱出を求めるアメリカ人は……協同の方法を選択するこ
とが出来るし……協同は自由と機会平等に直接導くのである」(579)。ブラ
ンダイスは、一方でチェーンストア税によって商業独占を統制しながら、他
方で協同による独立的商人の組織化によって、独立的商人の効率を高めると
ともにその商業独占に対する対抗力を増すことを、アメリカ資本主義の展望
とのかかわりにおいて、構想していたかのようである。しかし、彼の構想は
チェーン対反チェーンの集団的闘争が「世論を啓蒙・教育してしまった」[55]
現実の過程に置かれるならば、その「協同」による「自由と機会平等」の理
想は消え失せ、独立的商人の協同という形態を取った事実上の「会社チェー
ン」があらわれる[56]。

1) Commerce Clearing House, *Chain Store Tax Laws*, 1937, pp. 25 – 26.
2) Daniel J. Boorstin, *The Americans: The Democratic Experience*, 1973, p. 111. 新川健三郎訳『アメリカ人』(上) 1976 年、133 ページ。かかる評価はむしろ一般的である。
3) 中野安「30 年代アメリカにおける小売配給の諸問題 (1)」『香川大学経済論叢』第 38 巻第 4 号、1965 年 10 月。小稿は多くをこの研究に負っている。
4) Alfred D. Chandler, Jr., *The Visible Hand*, 1977, pp. 233 – 235.
5) Louis W. Stern and A. I. El-Ansary, *Marketing Channels*, 1977, pp. 40 – 41.
6) Chandler, *op. cit.*, p. 235.
7) Joe S. Bain, *Industrial Organization*, 2. ed., 1968, pp. 481 – 486. 宮沢健一監訳『産業組織論』下、1970 年、522 ～ 527 ページ。
8) *Statistical Abstract of the United States 1938*, p. 816.
9) Theodore N. Beckman & H. C. Nolen, *The Chain Store Problem*, 1938, p. 42.
10) Daniel Bloomfield, *Chain Stores*, 1931, pp. 17 – 21.
11) Joseph C. Palamountain, Jr., *The Politics of Distribution*, 1955, pp. 169 – 171.
12) TNEC Monograph No. 17, *Problems of Small Business*, pp. 163 – 164.
13) この問題については、中野安『価格政策と小売商業』(1975 年) を参照されたい。
14) Charles F. Phillips, "State Discriminatory Chain Store Taxation", *Harvard Business*

Review, Vol. XIV, No. 3, Spring 1936, p. 349.

15) Godfrey M. Lebhar, *Chain Store in America 1859 – 1962*, 1963, pp. 174 – 189. 倉本邦夫訳『チェーンストア米国百年史』1964 年、194 ～ 210 ページ。

16) State Board of Tax Commissioners of Indiana v. Jackson, 283 U. S. 527 (1931).

17) 合衆国憲法修正第 14 条の果して来た役割については、アメリカ学会編『原典アメリカ史』第五巻、1957 年、226 ～ 227 ページ、を参照されたい。

18) Louis K. Liggett Co. v. Lee, 288 U. S. 517 (1933). ブランダイス判事の少数意見は同判例集の 541 ～ 580 ページにかけてのものである。これからの引用あるいは参照箇所に限っては、文中にページ数のみ記すことにする。

19) バーリ、ミーンズなどの影響が顕著である。

20) これら 5 社は A & P 社、Louis K. Liggett 社、United Cigar Stores 社、Montgomery Ward 社、そして F. W. Woolworth 社であった (568)。

21) ブランダイスの経済的社会的思想については、Louis D. Brandeis, *Other People's Money*, 1914; *The Social and Economic Views of Mr. Justice Brandeis*, 1930. を参照されたい。

22) TNEC Monograph No. 35, *Large–Scale Organization in the Food Industries*, p. 155.

23) Lebhar, *op. cit.*, pp. 128 – 134. 前掲訳書、144 ～ 150 ページ。

24) State Board of Tax Commissioners of Indiana v. Jackson, 283 U. S. 527 (1931).

25) *Ibid.*, pp. 537 – 538.

26) *Ibid.*, p. 542.

27) Fox v. Standard Oil Company of New Jersey, 294 U. S. 87 (1935), p. 99.

28) Stewart Dry Goods Co. v. Lewis, 294 U. S. 550 (1935).

29) Great Atlantic & Pacific Tea Co. v. Grosjean, 301 U. S. 412 (1937).

30) *Ibid.*, p. 420.

31) *Ibid.*, p. 426.

32) インディアナ州法の 5 対 4、フロリダ州法の 6 対 3、ウエストヴァージニア州法の 5 対 4、ケンタッキー州法の 6 対 3、そしてルイジアナ州法の 4 対 3 など。各判例による。

33) Commerce Clearing House, *Tax Systems, 10. ed.*, 1946, p. 194.

34) ミシガン州法は加えてカウンターの数を課税標準としている。*Ibid.*, p. 183.

35) Great Atlantic & Pacific Tea Co. v. Grosjean, 301 U. S. 412 (1937), p. 418.

36) その推測については、Maurice W. Lee, Anti-Chain-Store Tax Legislation, *Studies in Business Administration*, Vol. IX, No. 4, pp. 49 – 51.

37) Beckman & Nolen, *op. cit.*, p. 228.

38) この 3 点の分類は、20 世紀財団租税委員会による。Twentieth Century Fund, *Facing the Tax Problem*, 1937, pp. 184 – 186.

39) Palamountain, *op. cit.*, pp. 184 – 187.

40) Twentieth Century Fund, *op. cit.*, p. 185.

41）Harold M. Groves, *Financing Government*, Rev. ed., 1945, pp. 113 – 114.

42）Twentieth Century Fund, *op. cit.*, p. 185.

43）*Ibid.*, p. 186.

44）*Ibid.*, pp. 503 – 504.

45）*Ibib.*, p. 504.

46）*Ibid.*

47）TNEC Monograph No. 35, *op. cit.*, p. 156.

48）Palamountain, *op. cit.*, p. 173.

49）Commerce Clearing House, *Tax Systems of the World, 6. ed.*, 1935, p. 167.

50）Phillips, *op. cit.*, pp. 358 – 359.

51）Lebhar, *op. cit.*, pp. 241 – 242. 前掲訳書、268 〜 269 ページ。

52）Palamountain, *op. cit.*, pp. 173 – 174.

53）Lebhar, *op. cit.*, p. 250. 前掲訳書、279 ページ。

54）Palamountain, *op. cit.*, pp. 175 – 181.

55）*Ibid.*, p. 184.

56）例えば竹林祐吉『ボランタリー・チェーンの研究』（1969 年）参照。

b

*

レコードの周辺

2
なぜぼくはレコードを買うのか
―消費者行動とマーケティング―

ある趣味のはじまり

　その趣味は、どのようにして始まったのだったか。あるときまでは、ほとんどその気がなかった。それが、あるときその趣味は何ということもなく始まったのである。

　その趣味とは、レコードでクラシック音楽を聞くということであり、そのためにレコードを買うということである。

　そのころ、ぼくは30歳であって、ようやく人並みにとまでは行かないが働くようになっていた。そのころまでにぼくの聞いた音楽は、歌謡曲やニューミュージックといわれるたぐいであり、テレビに山口百恵が出てくるとブラウン管に近づいて一所懸命にテレビを見て目を悪くしていた。また友だちと一緒に付き合ったあと、お茶を飲みに喫茶店に入ると、よくジュークボックスで松山千春をかけては、うっとりとロマンチックな気分にひたったりもした。しかし、かなり好きだったとはいえ、レコードまでは買わなかった。そもそもステレオがなかった。

　趣味のはじまる契機は、たまたまぼくが結婚したことである。働くようになり、30歳に近くなって、何となく結婚してみようかという気になった。たまたま結婚してやってもいいという女性がいたので、結婚した。すると、彼女がたいへん古い小さいステレオを持っていた。ステレオを持っている以上、レコードも多少あった。中島みゆきもあった。おかげで、ぼくは中島みゆきも好きになったが、クラシックのレコードは無かったので、とくに何というほどのことはない。

　だれでも、何となく元気が無いということがある。とくに病気というわけではないが、何となく元気がないし、やる気がでてこないということがあった。多少は、仕事が忙しくなってきたことも関係していたかもしれない。そういうとき中島みゆきを聞いても、なかなか元気が出てくるわけにはいかなかった。友だちの1人にベートーヴェンの好きなのがいて、ベートーヴェンの音楽について雑談したこともあった。ぼくも、ベートーヴェンの名前と生涯の概略くらいはロマン・ロランの小さい本を見て知っていたので、ベートーヴェンの音楽がたいへんひたむきなものであるということについての、ある種のイメージはもっていた。ベートーヴェンを聞くならば、おそらく元気が出るにちがいないと思ってレコードを買うことにした。

　そこで最も有名な交響曲第9番を買うことにした。たまたま近くに大学の生協があり、レコードを割引して売っている。好都合である。レコード売り場に行き、ベートーヴェンの交響曲第9番を見ると、同じ曲が一ぱいであった。そのたくさんの第9番のレコードのなかから何を買ったら良いかわからない。それで、これもどこかで名前を聞いたことのあるフルトヴェングラー指揮のものを買うことにした。4000円ほどしたので、買うには多少の決断を必要とした。

趣味はすすんでいく

　ベートーヴェンを聞き始めてみると、なかなかいい。やみつきになった。とはいえ、瞬時にしてやみつきになったというわけではない。仕事に出ていって、帰りに何となく疲れたような気がすると、レコード売場に立ち寄って、レコードを見るようになった。レコードを買うと、多少気分がすっきりするような気もした。初めはとくにクラシック音楽というふうに限定していたわけではないので、そのころはやっていたニューミュージックを1枚買ったこともあったが、10回も聞くといやになってしまった。そこでさしあたりベートーヴェンにうちこむことになってしまった。クラシック音楽は、何回聞いても、すみずみまで覚えこんでしまうということがなかったので、何

回聞いても飽きるということがなかったからである。

　ベートーヴェンの好きな友だちと話したり、ベートーヴェンについて書いてある文庫本や新書をその気になって読んでみると、ベートーヴェンには交響曲第9番以外にもすぐれた曲がたくさんあることがわかった。ベートーヴェンの好きな友だちは、戦争交響曲と三重協奏曲はどうしようもないが、あとは全部いいんとちがうかと言っている。そこで、いろいろな分野の曲を買い始めた。交響曲、ピアノ協奏曲、ヴァイオリン協奏曲、弦楽四重奏曲、ヴァイオリン・ソナタ、チェロ・ソナタ、ピアノ・ソナタ、歌曲、宗教曲、オペラなど。オペラについては、長くて聞くのに忍耐を必要としたが、その他のものについては繰り返して聞いていると、ほとんど全部大すきになってしまった。

　そのうちに、たまたま同じ曲を買ってしまった。そうすると、同じ曲でも演奏家がちがうと、かなりちがって聞こえることがわかった。バックハウス、ケンプ、グルダ、アシュケナージ、ポリーニでは、ピアノ・ソナタを演奏しても、かなりそれぞれの個性があった。こうして、ベートーヴェンの同じ曲について、2枚目以上のものも買うようになった。

　同じものの2枚目以上のものを買うというのは、ベートーヴェンについてすでにある程度の数のレコードを集めてしまったからかもしれない。このころ読んだもののなかに、小倉朗『現代音楽を語る』（岩波新書）があった。そのなかで、シェーンベルク、ストラヴィンスキー、バルトークが述べられていた。とりわけ、バルトークについては感動的に書いてあった。この本に扇動されて、ぼくはバルトークの音楽について何も聞いたことがなかったのにバルトーク・ファンになった。そこで、バルトークのレコードを集めはじめた。同じころ、吉田秀和『LP 300 選』（新潮文庫）を読んだ。題名が語るように、クラシック音楽の歴史を語りながら、とくにすぐれた300曲をえらび出し、それらの曲について巻末にレコードのリストが載っているという内容のものである。ここでまた、吉田秀和氏に扇動されて、何も聞かずに多くの作曲家とその作品のファンになってしまった。とりわけ、バッハのファンに。

趣味はエスカレートする

　レコードがいくらか集まってくると、新しいステレオが欲しくなった。ス
テレオが良くなると、音が全然ちがうという話を周囲の連中からひんぱんに
聞かされたからである。一旦欲しいと思うとどうしようもなく欲しくなり、
買うことにした。そういうことの好きな友だちがいて、何かと情報を教えて
くれたりもした。情報については、週刊誌、月刊誌など、周辺を見わたすと
氾濫していた。ぼくはふところ具合と相談して、プレーヤー、カートリッジ、
アンプ、スピーカーを20万円ていどで買うことにした。たまたま近くに
あった生協では、価格がかなり割引されており、しかも月賦で買うことがで
きたからである。別に生協でなくても、新製品でない製品についてはかなり
大きな割引で売られていた。オーディオ不況とやらが、その傾向に拍車をか
けてもいた。

　ステレオを新しくして持っているレコードを全部聞きなおした。それだけ
では済まない。とにかく何でも聞きたくて仕方がなくなった。とはいえ、何
でもといっても何かの基準はいる。そこで、『レコード芸術』を毎月買って
読むようになった。そのなかには、新譜の批評があり、ある作曲家の名曲名
盤のようなことを特集でとりあげているし、レコード会社の広告ももちろん
入っている。これらを繰り返し精読しながら欲しいと思うレコードをチェッ
クした。

　すでに多くのレコードがあるのに、毎月膨大な新譜レコードが出る。また
旧譜レコードの再発売ものも多い。しかも再発売レコードについては、廉価
盤で出ることが多い。レコードには安い方からみると、1,500円、1,800円、
2,000円、2,300円、2,500円、2,800円というふうに多くの価格帯があり、
うち新譜が2,800円である（ほかにもいろいろある）。新譜1枚と廉価盤2枚
がほぼ同じ費用で買える。しかも、たまたま近くにある生協の割引価格で買
うと、なかなか廉価盤は買いやすい。しかも、廉価盤といっても、ほんの数
年前の新譜も入っているし、演奏が悪いというわけではないから、ますます

購買意欲をそそられることになった。こうして、廉価盤のなかにもすぐれた
ものが多かったバロック以前の音楽のレコードも、ぼくの収集の対象となっ
た。

　四条から河原町に出ると、輸入盤レコードを売っている店があった。新譜
を輸入盤で買うと、生協割引価格で買うのと同じようなものになる。こうし
て時によると輸入盤を買うようになった。国内盤が未発売のものを見つけ出
しては買ったりもした。そのなかに、ソプラノのジェシー・ノーマンのレ
コードがあった。言葉の意味を調べず全然わからないまま聞いても、ほれぼ
れとしてしまった。これがきっかけで、歌曲のレコードも集めるようになっ
た。

　このように、趣味は限りなくエスカレートして行く。さらに多くのレコー
ド、さらに良いステレオ、そしてコンパクト・ディスクとコンパクト・ディ
スク・プレイヤーなど、いくらも欲しいものが出てくる。

消費者行動

　さて、いままで、ある消費者の購買行動についてみてきた。彼はさまざま
の決定を行った。彼はどのようなニーズを満たそうとしたのか。そのニーズ
は何によって満たされるのか。どのような製品を買うのか。どのブランドを
買うのか。どの販売業者から買うのか。どれだけ買うのか。いつ買うのか。
どのようにして代金を支払うのか。

　言い換えるなら、彼の購買決定過程には、彼のほかにも購買決定への参加
者が存在したし、さらにさまざまの影響要因が存在した。①彼の文化的・社
会的・個人的・心理的特性、②製品特性、③販売者特性、④その他状況特性
など。

　こうして彼は購買決定に至るまでに次のプロセスをたどる。①問題の認知、
②情報の探索、③情報評価、④購買決定、その後に⑤購買後の行動、という
ように。

マーケティング

　市場は消費者から構成され、消費者はそれぞれ欲求、資産、地域、購買態度、購買行動などを異にしている。企業はこれらの異なった要素を利用しながら市場を選択しマーケティングを行う。すなわち、企業は、製品戦略、価格戦略、マーケティング・チャネル戦略、マーケティング・コミュニケーション戦略を展開し、市場をねらって顧客を獲得しようとする（コトラー『マーケティング原理』ダイヤモンド社）。

趣味は主体的なものか

　何となく頼りないありさまでレコードを買い始めたのだったが、このところ、どうも様子がちがってきたような気がする。はたして趣味を楽しんでいるのだろうか。自分から好きで勝手に始めたことだが、どうも好きというだけではなくなっているようだ。むしろ、何ものかに駆りたてられているような気もする。この趣味はいまでも主体的なものなのだろうか。

3

なぜぼくはＣＤ・ＬＤを買うのか

ぼくの好きなレコード

　ぼくは、レコードでクラシック音楽を聞くことが好きである。クラシック音楽といってもいろいろある。そのなかでも歌ものが好きである。歌ものというと、オペラや宗教曲や歌曲などがある。たいていのものが好きであるが、これだけはなんとしても優先しなくてはならないというほど好きなものがある。それは何かといえば、モンテヴェルディ作曲の一連のものである。オペラでは「オルフェオ」と「ポッペアの戴冠」、歌では数人で歌うマドリガレ類であり、そして宗教曲のなかにはぼくにとってかけがえのない「聖母マリアの夕べの祈り」がある。

　モンテヴェルディはルネッサンスからバロックへの移り変わりを一身に体現したとでもいうべき音楽家であり、その魅力は筆舌につくしがたい。その曲は、ダイナミックで生気に富んでいる。しかもきれいなメロディーと心を打つ情感に溢れているのである。モンテヴェルディが一筋縄で行かない人間であることは、かれの最初のオペラ「オルフェオ」と最後のオペラでありほとんど最晩年の作である「ポッペアの戴冠」とを比較するだけで明らかである。両方とも「愛」をテーマとしているが、「オルフェオ」の「愛」が純潔な喜びと悲しみの感情からなるのにたいして、「ポッペア」においては、至上の愛とは、妻あるネロ（あのローマ皇帝ネロ）と夫ある絶世の美女ポッペアとの間のものであり、この愛が万難をものともせず貫かれて、ポッペアが皇后と成るまでが歌われることになる。このようなオペラをまもなく死のうとするモンテヴェルディが作曲していた心情を想像することは、ぼくにとって、興味のつきない楽しみである。

　ぼくは、モンテヴェルディの曲をレコードで楽しんでいる。この場合レコードとは、ＣＤ（コンパクト・ディスク）やＬＤ（レーザー・ディスク）である。ぼくの手元には、いまでも何百枚かのＬＰレコードがある。しかし、それを聞くことはまったくないと言ってもよいくらいだ。なぜ、どのようにして、そうなったのだろうか。

ＬＰからＣＤへ

　この冊子はたしか1984年春に初版がでた。ぼくはそのとき「なぜぼくはレコードを買うのか」というほとんど同じ題名の小文を載せてもらった。当時レコードといえばＬＰのことだった。当時ＣＤとＣＤプレーヤーはすでに数年前に発売されていたが、一般にはなかなか普及しなかった。ＣＤは1枚4000円以上もしたし、ＣＤプレーヤーは安いもので10数万円はした。ソフトとハードの価格の高さに加えて、ソフトの品揃えが限られていた。他方ＬＰの側を見ると、事情は異なった。レコード・メーカーは、ＬＰの時代からＣＤの時代への移行をみこして、ＬＰの廉価盤を乱発していた。ほんの数年前に新譜2800円で出たＬＰが2500円、2000円、そしてそれ以下の価格へと切り下げられながら再発売されていた。そのありさまを見ていたぼくは、安くなったＬＰを買いあさって、年来のコレクション欲を充足することに忙しかった。このころ、大手のレコード店では、輸入盤ＬＰのバーゲンがよく催されたので、ぼくは熱心に通ったものだった。あとから振り返ってみると、ＬＰ廉価盤のコスト・パーフォーマンスの高さを吹聴していた自分の、消費者としての保守性は、信じがたいほどのものだった。

　そのしばらく後、ぼくの事情が変わった。同僚のＤ氏がＣＤプレーヤーを買うために家電量販店に行ったとき、たまたまついていったぼくは、Ｄ氏の様子を見ているうちに、にわかにその気になってしまったのである。ＣＤプレーヤーを買ってからも、ＣＤは数枚しか手元になく、ついでにプレーヤーが故障がちであったので、しばらくはＬＰを聞いていた。ある日、プレーヤーの修理のためにメーカーのサービス担当を呼ぶと、彼はそのとき代わり

のプレーヤーを持参していて、それを置いて帰った。これは、新製品としてのＣＤプレーヤーが市場に導入されて数年経ち、プロダクト・ライフ・サイクルでいう成長期にさしかかろうとする時点のことである。このサービスは、ぼくにとって印象的であり、決定的であった。印象的というのは、メーカーの、この新製品に対する期待の大きさが感じられたことであり、決定的というのは、その後のぼくは、もっぱらＣＤを聞くようになってしまったことである。

　こうして、ぼくは、小遣いのほとんどすべてをＣＤの購入にあてることにしたが、ぼくの欲求の高進はとどまる気配をみせなかったので、余儀なくＬＰを売ることにした。中古レコード店の担当者をよびＬＰを売った。2回も売ると、おそらく 1000 枚くらいはあったＬＰのうちで多少ともましなものは、ほとんど無くなってしまった。この売却の結果えた 30 数万円は、ＣＤの掛け買いの支払にあてた。

　ぼくの、ＬＰレコードを聞くという趣味は、それまでの 4 年間相当に熱心なものだったにもかかわらず、あっけなく終わってしまった。ぼくの、ＬＰからＣＤへの移行はきわめて速やかなものだった。その理由は、当時よくいわれたＣＤの音の良さではなかった。ぼくの粗雑な耳で聞く限り、ＬＰの音は良かった。それならＣＤの何が良かったのか。ぼくについていえば、第 1 に、取扱いの便利さであった。ＬＰを聞く前に不可欠のセレモニー（ＬＰの盤面をふき、カートリッジの埃を払うことなど）は不要になった。ぼくには、このセレモニーを楽しむという心のゆとりはないので、これはありがたかった。また、カートリッジで、買ったばかりのＬＰの盤面を引っかいた経験が何度もある人間として、そうしたアクシデントを心配しなくてもよくなったことも、ありがたかった。そして、レコードのなかの好きな箇所だけ取り出して聞けるようになったことも、そうである。第 2 に、カートリッジが盤面をトレースするノイズがなくなったこと、カートリッジのトレース能力の限界による音のビリツキがなくなったことなどである。その結果、弱音が聞こえるようになり、ソプラノの高調する場合やピアノの強く打鍵する場合などによく起こった音のビリツキがなくなった。ＣＤの良さについては他にもい

ろいろあげることができるが、このくらいにしておこう。

　ＣＤを聞くようになってから、それ以前にも増して、歌ものを聞くことが好きになった。かつて楽しむというよりも忍耐するというほうが当たっていたオペラが、かなり聞き易くなった。ＣＤのコンパクトなことと上記の便利さとにより、オペラ分野は、レコード・メーカーのＣＤ拡販・普及のための重点分野であったと思われるが、クラシックのいろいろのジャンルのなかでオペラのＣＤは比較的早くから充実していた。こうして、オペラを聞いていると、カラヤンの指揮するものはさすがに優れていると思えた。ある理由によりカラヤンを食わず嫌いにしていたぼくは、少なくともオペラについては、断然カラヤンのファンとなった。その結果、カラヤンの得意なプッチーニのオペラは、かつて通俗なお涙頂戴ものとして毛嫌いしていたことが反転してしまい、今やぼくのもっとも好きなもののなかに入っている。こういう例は、いくつもある。

　ぼくがＣＤ購入に血道をあげ始めた頃、ＣＤプレーヤーの市場は成長期に入った。そのきっかけは、ＣＤプレーヤーの低価格化であった。まずソニーがミニ・サイズのＣＤプレーヤーを59,800円で発売し、その3カ月ほどあとに日本マランツが同じ価格で据置型のプレーヤーをだしたことが決定的なことになった。ＣＤプレーヤーの価格競争は激化し、急速な普及が始まった。対応するように、ＣＤソフトの種類は増し、価格も次第に下がっていった。そしていまや、レコードとＣＤとは同義である。ＣＤにも、新譜から廉価盤までいろいろある。

さらにＬＤへ

　ＬＤとＬＤプレーヤーの開発は、パイオニアによって行われたものである。パイオニアがその開発を始めた頃、他のメーカーは、むしろＶＴＲをめぐる競争で忙しかったし、ヴィデオ・ディスクについての関心はそれなりに高かったとしても、ディスクとしては絵つきのディスクよりも絵のつかないディスク（ＣＤ）の優先度のほうが高かったと思われる。しかし、ヴィデ

オ・ディスクとしては方式の異なるＶＨＤがあったことにもふれておこう。
これは、日本ビクターの独自開発になるものといわれ、パイオニアの開発が
例によって欧米からの基本技術の導入によるものであることを考慮すると、
高く評価される必要がある。そして当初においては、ＶＨＤ方式によるメー
カー間のグループ化に成功しつつあった日本ビクター側のほうが競争におい
て有利であると見られていた。グループ化有利の発想は、ＶＴＲをめぐる市
場競争が、グループ化に成功したＶＨＳ方式の日本ビクター陣営の勝利と
なってベータ方式のソニー陣営の敗北に終わったことから連想して生まれた
ともいえよう。しかし、結果は、孤軍奮闘したパイオニアのレーザー・ディ
スクの勝ち残りとなった。パイオニアは低価格戦略を採用せず、ほとんど単
独による販売であったので市場における普及には時間がかかったが、いまや
ヴィデオ・ディスクといえばＬＤのことであり、パイオニアのブランドで
あったレーザー・ディスクという名称は解放されて、一般名詞となっている。
多くのメーカーがＬＤプレーヤーの市場に参入して、数年前から価格競争も
激化するなかで、ＬＤもプレーヤーもかなりの普及を示すに至っている。こ
のパイオニアのサクセス・ストーリーについては、『パイオニアＬＤ戦略会
議室』（本田晋介著、日本文芸社、1991 年）がある。関心のある人は寝ころん
で読んでみたら良いと思う。

　ぼくがＬＤプレーヤーを買ったのは 1988 年の秋だった。その年に入った
頃からさすがにＬＤが欲しくなっていた。春には、プレーヤーを持たないの
に、たとえばカラヤン指揮のＲ．シュトラウス「ばらの騎士」を買ったりも
していた。同僚Ｄ氏はその頃ＬＤプレーヤーを買っていた。そして秋に大学
生協連のオーディオ・ヴィジュアルのセールがあったとき、ＬＤプレーヤー
とそれ用のテレビを衝動的に買った。その少し前に、パイオニアからＣＤ・
ＬＤ共用でＬＤの両面が連続してかかるプレーヤーが出ていたが、その多少
低価格タイプが発売になったからである。この結果ぼくの趣味は一変した。
何せＬＤを買わなくてはならないので、ＣＤを買うことができなくなったの
である。しばらくは両方買っていたのだが、小遣いは足りないし、ＬＤを買
うことの方が優先度が高かった。すべてを犠牲にしても、月に３〜４点のＬ

Ｄを手にいれるのがやっとだった。時には、ツケでそれ以上の無理をしたが。何を買っていたのかというと、ほとんどがオペラのＬＤだった。ＣＤを聞くようになってから、すっかりオペラ・ファンになっていたので、オペラのＬＤを買うことは自然の成りゆきだった。モーツァルト、ロッシーニ、ヴェルディ、ヴァーグナー、プッチーニなどのＬＤをかなり入手した。それらのなかに、ぼくの好きなものはいくつもある。しかし、ぼくの断然好きなのは、はじめにふれたモンテヴェルディである。アーノンクール指揮・ポネル演出の「オルフェオ」とガーディナー指揮の「聖母マリアの夕べの祈り」は、何度見ても感動する。

そして今

　1990年秋から半年の間、イギリスで暮らす機会があった。結局、主にロンドンに居た。そこに住んでみてようやく気づいたのは、ロンドンがたいへんな音楽都市であるということである。湾岸戦争の地上戦が始まった頃から、ぼくはオペラとコンサートに通い始めた。始めるやいなや、たちまち病みつきになった。毎晩のようにロイヤル・オペラ・ハウスやコリシーアムやサウス・バンクやバービカンに通ったわけだ。ぼくはＬＤのオペラは何十と見ていたが、オペラ・ハウスで直に見るのは初めてだった。バレエやコンサートについてもほぼ同様であった。今イギリスでのことを思い返してみると、そんなことしか頭に浮かんでこないといってもよいほどだ。

　その影響もあってのことだろうか。日本に戻って４月以来、これを書いている年末に至るまで、ちょっと様子が違ってきたようだ。ＬＤやＣＤは、ちらほら買っているのだが、われながらもうひとつ盛り上がりに欠けている感じなのである。先にあげたガーディナーのＬＤは、この５月に買ったもので、ぼくの大好きなものである。そういうことが無いわけではない。しかし、何か新しいものを開拓する意欲が無くなってきているようだ。ひょっとしたらぼくも、趣味のこの領域で、消費意欲の減退あるいは消費の成熟化に直面しているのかもしれない。

マーケティングと消費者

　ある企業が消費者の欲求を想定しながら、競争関係に配慮しつつ、新製品を企画し、製品化し、販売することは、マーケティングであるといっても良い。市場（消費者あるいは顧客と競争）における自社のポジショニングを戦略的に決定し目標をたて、その達成のために、さまざまのマーケティング活動（製品企画、価格設定、製品の流通、プロモーションなどについての諸活動を含み、４Ｐと総称されることがある）の統合的遂行が行われる。

　このプロセスがうまく進み好回転している場合には、企業は市場を思うがままに支配し操作しているかのようである。上に述べた悪のり型の消費者は、自らの欲望の赴くままに行動していると、自分のことを考えているようであるが、彼の欲望と行動の前には企業のマーケティングがあることが忘れられてはならないだろう。彼は、ＣＤへの移行の際もＬＤへの移行の際も、企業のマーケティングによる刺激にかなり敏感かつ素直に反応しているわけだ。

　しかし、消費者は変化し発達する。彼の趣味はそれなりに洗練され、彼の選択力は発達し、彼の選択の範囲は次第に広がっていく。そして、いろいろの要因が彼に影響を与える。この要因は、当該の企業とその業界とに直接関係しない場合もある。しかし、消費者の欲望と行動のパターンには、一定の変化が生まれるのが常である。

　マーケティングの成功は、市場が変転常無きものであるということを、瞬時忘れさせることがあるかもしれない。しかし、その夢は市場の変動によって破られざるをえない。マーケティングと消費者との間には相互に悪のりをそそのかしあうとでもいうようななれ合いの関係がある。しかし、何かの事情により、どちらかが多少の休憩をとろうとすると、両者の間にはたちまちにして緊張関係が現出することになる。マーケティングは、立ち止まることができない。

4
レコードの流通と情報化

I　レコードをめぐる環境変化

　1980年代に入って以来、レコードの生産と流通は、大きな環境変化に見舞われている。このことは、レコードの生産金額と生産量の減少に端的に現れている。日本レコード協会に加盟しているレコードメーカーの年間生産金額（1月〜12月）の趨勢をみると、1974年にレコードと音楽テープとをあわせて1759億6000万円であったのが、76年には2183億8100万円となり、80年には2928億4400万円となっている。しかし、この80年をピークとして、その後レコードと音楽テープの年間生産金額は減少の方向をたどる。81年には2886億5400万円となり、前年比99％になり、82年には2810億3700万円となり、前年比97％になった。83年においては、2816億6300万円であり、ほぼ前年の実績に等しく、とくに回復したといえる程ではなかった。次に、レコードと音楽テープの年間生産枚数（1月〜12月）についてみてみよう。レコードについてみると、74年に1億8165万9000枚であったのが、年により多少の増減をみながらも、増加傾向をたどり、79年にピークの1億9880万4000枚となった。しかし、すでに80年から減少に転じ、同年に前年比98％となり、81年には前年比85％、82年には前年比90％と激減の一途をたどり、83年においては前年比98％の1億4873万6000枚となり、ピークの79年に比べると75％にまで下がったことになる。他方、音楽テープについてみると、74年に2409万4000巻であったのが、毎年増加して、83年には9773万1000巻となり、79年に比べると406％に増加したことになる。このことを、レコードと音楽テープの年間生産金額の構成比についてみると、74年に、レコード75％に対し音楽テープ25％であったのが、

83年のレコード54％に対し音楽テープ46％という構成比になっている。この間一貫して、レコードの構成比が減少し、音楽テープ構成比が増加している。以上からすると、レコードの落ち込みを音楽テープがカヴァしようとして、カヴァしきれないという構造がみえてくる。さらに最近においては、カラオケ・ブームの一段落にともなって、音楽テープの状況も停滞的なものになってきている[1]。

　このようなレコードと音楽テープの生産状況の変化については、従来から、様々の原因があげられてきている。列挙すると、①レコード業界をリードするようなシングル盤での大ヒットが少なくなっていること、②ホーム・テーピング問題（録音機器、生テープの性能向上と普及により個人録音が容易になった結果、レコード・音楽テープの売上が抑制されることとなった）、③洋盤部門のシェアが低下してきたこと（年間生産金額の構成比でみて、74年に邦盤66％に対し洋盤34％であったのが、83年には邦盤77％に対し洋盤23％となっている。たとえば、ポピュラー音楽における永遠のベストセラーとも考えられていたビートルズが、いまやかつてのような売れゆきを示さなくなったということは、象徴的である）などがあげられており、これらの基礎には、レコード産業を支える市場＝レコード鑑賞人口の特性の変化があったと考えられている。すなわち、レコード鑑賞人口の年代別構成の変化の問題である[2]。

　さらにこれらに加えて、80年代に入って以来2つの大きな問題が出現した。第1は、貸しレコード問題である。従来からホーム・テーピングとレコード・音楽テープの売上の停滞の関連については問題となっていたが、貸しレコードはこの問題をさらに急激に加速させたと考えられている[3]。第2は、CD（コンパクトディスク）とCDプレイヤーの出現である。82年の秋に出現したCDは、当初、CDプレイヤーがかなり高価であったこと、またCDそのものがレコード（LP）に比べてかなり高価で、その数と分野も限られていたこともあって、かなりゆるやかな市場浸透しか示していなかったが、84年には急激なCDプレイヤーの価格低下があり、またCDのタイトル数も急増し約4000にもなったことと価格がレコードにかなり近接してきたことにより、84年の秋以降急速に普及してきている。しかしながら、LPレコード

からCDへの転換の途上にある時期にあっては、事態の推移を見まもる消費者の買い控えの心情もあって、全体としてのレコードの売上は、停滞的なものとならざるを得ない[4]。さらに、ビデオディスクなども、これに加わる。

　以上に述べたようなレコード（以下、音楽テープをも含めて、この言葉で代表させる場合がある）をめぐる環境変化に加えて、1970年代の後半以来問題となっているレコードの再販売価格維持制度見直しの問題は、レコード業界のより大きな関心事であるとも考えられる。

　このような市場環境の変化と技術革新のすすむなかで、レコードメーカーと流通業者がいかに対応してきたか、あるいは対応しようとしているかについて若干の側面に光をあてることが、本章の課題である。すなわち、レコードの流通における情報化の進展を中心に、以下次の順に述べる。①レコードの流通機構の概略はどんなものか。②レコードの流通の一方の担当者たるレコードメーカーは、環境変化に対して、物流共同化によるコストダウンにより対応する。③他方、流通業者も、情報管理により環境変化に対応しようとする。なお、ここでの例は代表的な卸売業者を使用する。④レコードメーカーと流通業者の環境変化への対応の過程で生じてきているものは何か。それは何を意味するのか。

II　流通経路について

　1978年には、公正取引委員会によってレコード業界の実態調査が行われた。この調査は、レコードメーカーと販売業者との間に結ばれている再販売価格維持契約の実施状況についての基礎的な資料の収集をはかるという名目により、77年事業年度（78年3月期までを対象とする）の状況について、調査されたものである。77年には、レコードの生産枚数の減少（前年比92％）はあったものの生産金額は前年にほぼ等しく、音楽テープの生産枚数と生産金額が増加（それぞれ前年比110％、108％）したことにより、レコード産業全体としてみれば成長のさなかにあった時期である[5]。したがって、この調査は、レコード産業の従来の状況をかなり反映しているものと考えられる。こ

こでは、まずこの調査結果から、従来のレコードの流通の特徴を概観する[6]。図1は、レコード業界の流通経路の概略を示したものである。流通経路は、市販ルートと特販ルートに大別され、このうち市販ルートは、特約店ルートと卸店ルート（代行店ルートともいう）から成っている。市販ルートは、メーカーが小売店、卸店などを経由してカタログ商品を消費者に販売するものであり、特販ルートは、メーカーが通信販売会社や訪問販売会社などから注文を受けて主として特注パッケージを販売するものである。この調査によれば、この3ルートのシェアは、表1のようになる（ただし、生産されたレコード・音楽テープはこの3ルートのどれかを通るものとして計算した）。レコード・音楽テープをあわせて、特約店ルートが59％、卸店ルートが34％のシェアを占めている。この年以降、レコードと音楽テープの生産金額の構成比がさきに述べたように大きく変化してきたこと（1983年に、それぞれ54％と46％）は、各ルートのシェアにも変化をもたらしていることは確実である。すなわ

図1　レコード業界の流通経路図

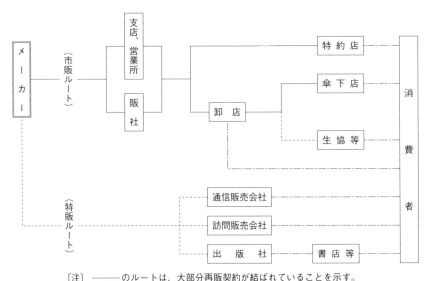

〔注〕————のルートは、大部分再販契約が結ばれていることを示す。
　　　-------のルートは、大部分再販契約が結ばれていないことを示す。

（出所）公正取引委員会「レコード産業の実態調査について」公正取引委員会事務局編『独占禁止政策の主要課題』大蔵省印刷局、1979年、所収。98ページ。

表1　流通経路別の市場シェア（1977年）

（単位：%）

	生産金額	市販ルート		特販ルート
		特約店	卸店→傘下店	
レコード	73	47	22	4
音楽テープ	27	12	12	2
計	100	59	34	6

（注）小数点以下4捨5入による。
（出所）公正取引委員会「レコード産業の実態調査について」公正取引委員会事務局編『独占禁止政策の主要課題』大蔵省印刷局、1979年、所収。97、98ページより計算。

ち、音楽テープの販売が順調な伸びを示していた期間においては、卸店ルートのシェアの増加がみられた。

　市販ルートのうち特約店ルートは、メーカーと小売店が特約店契約を結んで直接取引するものであり、この調査結果によれば、大部分のメーカーが平均9の支店・営業所などを通じて平均2000社の特約店に販売している。なお、メーカーと特約店との系列関係は存在しない[7]とされているが、このことは、主として、典型的な多種少量生産商品でありしかも代替のきかない商品であるというレコード・音楽テープの性格によるものである。レコードメーカーから特約店への送品は通常毎日行われている。また、このようなレコード・音楽テープの性格は、卸店ルートの存立根拠ともなっている。卸店ルートでは、卸店が比較的取扱数量の少ない傘下店などに商品を供給しているのであるが、メーカーは卸店を利用することにより、自らが直接取引しない中小零細小売店にまで自らの商品を置き、しかも商品配送にともなう費用を節約することができるからである。レコードの小売店の店舗数は、正確にはつかめないが、59年に1670店、65年に4100店、77年に8100店とされる。この8100店のうち特約店数は3800程度、残り4300店が卸店の傘下であるとされている[8]。

　レコード・音楽テープは再販商品であり、市販ルートの小売価格を100とすると、メーカーから特約店・卸店への卸価格は、レコード70、音楽テープは75である。また、卸店から傘下店への売渡価格は、レコード70〜75、

音楽テープ 75 ～ 80 であり、卸店のマージンは少ないが、メーカーからのリベート（卸店の受取りリベートの仕入額に対する割合は、レコードで 12 ％、音楽テープで 13 ％）も加えることにより、経営がなりたっている[9]。なおこのリベートは、メーカー→特約店、卸店→傘下店の間にも存在する。

レコードは買い取り商品であるが、15 ％程度の返品は認められている。この返品を制限するために、メーカーの多くはリベートを利用している。たとえば、15 ％の返品率を目処として、それ以上の返品率の小売店に対しては、リベートを削減する。こうして実際には返品は制限されている。また、メーカーに返品されたレコード・音楽テープの大部分は廃棄されている。廃棄損失の金額は 1977 年には、売上原価の約 7 ％となっていた[10]。

次に輸入レコードについてみよう。輸入レコードの流通経路は、国内レコードメーカーが、複製されたレコードを輸入し、市販ルートを使って売る場合と、輸入業社によるものとがある。輸入盤輸入業社は、外国の卸売業者から輸入したレコードを、小売店や輸入盤専門店に転売している。また一部は卸店に売られる場合もある。1970 年以降の円高基調のなかでは、再販商品でない輸入レコードは急増した。輸入状況は、73 年に 220 万枚、13 億 9900 万円[11] であったが、82 年には 541 万枚、58 億 8900 万円となりピークを示した[12]。

レコード・音楽テープの流通には、70 年代に入って以来、さまざまの資本が参入してきた。たとえば、家電専門店や西武流通グループやダイエーなど大規模小売業の参入は注目されているし、またアメリカ資本の参入もみられた。ここでは、これらの問題についてこれ以上ふれることはできない[13]。

以上みてきたように、近年さまざまな参入が見られたとはいえ、レコードの流通の主要な担い手は、レコードメーカー、特約店、卸店（傘下店も含めて）であった。このうち、レコードメーカーのなかには突出した大シェアをもつものはない。むしろメーカーの数からみると分散傾向にあるとみることもできる。しかし、次節で見るように、メーカー間の協業が存在する。次に特約店について。ここでは新星堂を代表とするようなチェーン展開する大企業が存在する。さらに卸店についてみるならば、突出した星光堂がある。レ

コードメーカーによる協業の動き、大特約店のチェーン展開と特約店間の階層分化、そして卸店における星光堂の圧倒的位置、このような構造のなかで、メーカーと卸店による企業の枠をこえたシステムづくりの努力がすすめられている。以下、メーカーの場合と卸店の場合についてみてみよう。

Ⅲ　共同配送から共同受注へ——レコードメーカーの対応

　レコードメーカーの間では、1960年代以来今日に至るまで、一貫して一方で機能の分散が、他方で共同化が進展してきている[14]。すなわち、レコードメーカーの機能は、大別して、作品の制作、宣伝（プロモート活動）、販売、製造、物流などから成っているが、これらの機能のうちのいくつかがレコードメーカーから分離し分散化していく傾向があるとともに、ある機能についてみると特定レコードメーカーの枠を越えて共同化がすすむ傾向があるのである。83年には日本レコード協会のレコードメーカーは25社（うち1社は音楽テープ専業）あり、この他にも協会未加盟のメーカーが存在する。これに対し、戦後60年代初めまでの状況は、戦前以来の日本コロムビア、ビクター、キングレコード、テイチクの4社に、戦後発足のポリドール、東芝音楽工業（東芝EMIの前身）があったにすぎない。この時点において、レコードメーカーはすべての機能を自社で保持して、作品の制作から、製造、宣伝、販売、物流を行っていた。この後、合弁会社CBSソニー、日本フォノグラム、ワーナー・パイオニアなどが設立され、また、ビクターによるRVC、CBSソニーによるエピック・ソニーなど、盛んに系列会社も設立され、さらにレコード協会未加盟のマイナー・レーベルの数も増加した。ここで、上位5社の集中度をみてみよう。71年度（ビクター、東芝EMI、コロムビア、キング、CBSソニー）の73％、78年度（ビクター、CBSソニー、東芝EMI、コロムビア、ポリドール）の60％、82年度（CBSソニー、ビクター、コロムビア、東芝EMI、テイチク）の53％であり、集中度の低下傾向が示されているようである[15]。

　このようなメーカー数の増加と上位集中度の低下傾向のなかで、大半の

メーカーは製造機能を所有しなくなった。最近まで7社体制といわれていた生産部門を持つレコードメーカーのうち2社が、83年末から84年にかけてレコード製造を停止し委託生産に切りかえることになった。この2社は、キングレコードとポリドールであり、キングは工場をキヤノンへ、ポリドールはその製造子会社ポリグラム・レコード・サービスの工場を富士通に売却した。製造停止、工場売却の理由は次のように報じられている。「キングレコード埼玉工場は昭和46年に建設されたレコード、音楽テープの一貫生産工場、自動プレス機を業界で初めて導入するなど最新設備を誇っていた。キングレコードが同工場を売却するのは、年間のレコード生産枚数が57（昭和）年に前年比2桁減となるなど需要の不振が続いているため、加えて、CDやビデオディスクといった新商品は高度な生産技術と設備資金が必要で、大手家電メーカー系列のレコード会社しか製造できないという状況も背景にある」16)。「ポリドールの水田社長は……ポリグラムを調べて驚いたという。『親会社のポリドールからの受注価格よりも、他社からの受注価格の方が安いこともあった。何のための生産部門かと思った』。操業を維持するために200枚、300枚単位の少量注文を値引きしてまで引き受けていたのだ。ポリグラムは52年に50億円を投じたレコード業界としては新鋭工場だったが、それでもコンパクトディスクやビデオディスクといった新商品を手がけるには新たな追加投資と生産技術の導入が必要だった。同社長はこの岐路に立って、『レコード会社本来のソフト分野に金と知恵をさくべきだ』と決断したという」17)。このようにして、たとえば、キングレコードは、レコード生産を日本ビクターに全面委託することになった。

　また、企画、制作面においても、機能の分散は進んでいる。外国との原盤契約はいうまでもない。さらに1970年代に国内で数多くの原盤制作プロダクションが誕生したことから、メーカーはその作品をプロダクションから受ける傾向が強まった18)。新規参入のメーカーのなかには、販売を他社に委託する場合もある。いまや、物流を自社単独で行っているのは2社のみである。

　レコードメーカーからの上述のような機能の分離は、一方で、作品の制作

とプロモーションを中心とする領域における機能の分散と、他方で、製造・物流における共同化あるいは集中傾向をもたらすことになった。以下、物流合理化について、その共同化問題を中心としてみてみよう。

　まず物流共同化の根拠についてみよう。さしあたり、レコードという商品そのものの特徴と、それによるレコードの物流の特徴である。レコードは、①典型的な多種少量生産商品であり、かつ代替性が少ない。とはいえ、②なかには100万枚単位のものも若干あり、生産単位のバラツキが大きく、これにより各種のピークが発生する。さらに、③いわゆるヒット曲に代表されるように、流行性が強く、はやりすたりのサイクルがきわめて短いので需要変動が激しい。したがって、④需要予測が難しく、各商品についても、日別、月別にみても同様である。これらから、レコードの物流においては、①特約店は、注文する品目も数量も自由に決めることができ、②月商の大小にかかわらず特約店は毎日注文することができ、1枚の注文でも受けつけられる。③レコードは土曜、日曜、休日によく売れる。1年のうち12月と1月は他の月の2倍くらいの動きがある。またレコード店からメーカーへの支払勘定がからんで月締めの直後と月明けの日にもピークがくる。また1日のうち注文は10時半から12時に集中する。これらから、各種ピークが生じることになる。したがって、④即納率、在庫日数などが企業の経営を大きく作用することになるので、在庫管理が必要となり、そのための情報管理にコンピューターが導入された。また⑤配送は、当日または翌日というようにきわめてスピード化されている[19]。以上のような特徴をもつレコードの物流には相当の費用がかかるわけだが、その費用を共同化によるスケール・メリットによって軽減しようとするのが、物流共同化の目的である。レコードをめぐる環境変化と物流にかかわる技術革新のすすむなかで、レコードの物流の共同化は本格的なものになっていく。

　レコードの物流共同化の発展方向は、共同配送から共同受注への流れというようにみることもできる。しかも、前者から後者への移行はきわめて迅速に行われたし、むしろこの移行のなかで、共同配送そのものが一般的に行き渡るようになったともいえよう。

　まず、きわめて狭義の共同化である共同集配送については、東和レコード物流グループの例が知られている[20]。これは、東和レコードサービスの子会社として1970年に発足した東和運輸を中心とするグループによるものである。当初はコロムビアのみの専属であったが、70年7月に共同輸送を開始し、71年にはコロムビア、クラウン、テイチク、ビクターなど10社のレコードなどを対象とするようになり、72年には対象メーカーは20社となった。これは、従来行われていたメーカーごとに特約店向けに個々の専用配送車を使用していた形態をやめて、同一特約店には共同配送により1車両で配送することを可能にすることによって、配送費の低下をはかったものである。集荷および配送圏は東京を中心とするものであるが、東和運輸が中心となり、各メーカーの営業所を巡回して集荷し、各地区に配送する。年間配送量の実績は年々増加し、開始の70年に3895トンであったのが、75年には9192トンに増加した。この共同輸送により、①配送費のコストダウン、②梱包費の経費節減、③扱い貨物がレコードとその関連商品に特定されるため、荷姿などが統一され商品のいたみが少なくなったことなどが、荷主（＝メーカー）からの効果としてあげられている。

　このような共同配送による配送コストの削減は、78年3月に日本ビクターが中心となって日本レコードセンターが設立されたことにより、一挙に業界全体に広がり、全国的な共同配送体制が確立することになった。この結果、「52年当時、50％を切っていたレコード業界の配送車の積載効率は80〜90％にハネ上がり、レコード1枚当たりの輸送コストは半減した」[21]といわれる。しかし、物流の共同化は、共同配送に留まらず、さらにすすむ。

　物流をメーカー間の協業で行っている（協業物流）メーカーには、2つのグループがある。日本レコードセンター（NRC）・グループとジャパン・レコード配送（JRD）・グループがそれである。日本レコードセンターは、78年に、日本ビクター、ビクター音楽産業、テイチク、RVC、トリオの、ビクターを中心とする5社の共同出資により設立された（資本金3億円）が、同年にはキング、東宝、ディスコを加えたメーカー7社の協業であり、79年にアポロン、SMS、ユピテル、ラジオシティを加え11社となった。さらに

80年代には日本フォノグラムが参加し、またアルファレコードも加わり、今日ではメーカー13社の協業となっている[22]。このグループのシェアは、83年には40%弱であった[23]。日本レコードセンターの協業幅は広く、その内容は、小売店からの共同受注、コンピューターの共同利用、伝票の共同フォーマット、共同ウェアハウジング、共同梱包、共同のコンベアライン、共同配送に及んでいる[24]。こうして、日本レコードセンターの東京配送センターでは、コンピューターで受注から出荷までの仕事をこなすようにシステム化された。その結果、作業はパートが中心となった[25]。さらに81年には、小売店からの発注データの受付業務とコンピューターへの入力業務の無人化をはかるTDE（テレフォン・データ・エントリー）システムが導入され、82年秋には全国の比較的規模の大きいレコード店を中心に全国ネットワークが完成した。このシステムによる業務は当初データの送信だけだったが、82年春から、小売店による①個々の商品在庫の有無の紹介、②当日発注した商品についての在庫の有無の確認（品切れ情報の入手）にも利用されるようになった。こうしてTDEシステムにより、発注の電送時間は20分の1となり、人件費などの諸経費もかなり圧縮できるようになった。発注データの受付・入力業務の無人化については、企業規模により、①小売店のコンピューターと同センターのコンピューターを結ぶ場合、②小売店のパソコンと同センターのコンピューターを結ぶ場合、③同センターの留守番電話で受注データを受けつける場合の3つのケースが考えられた[26]。

　次は、ジャパン・レコード配送のケースである。同社は、1975年6月、CBSソニーとワーナー・パイオニアの共同出資により設立された（資本金3億円）。ジャパン・レコード配送は、自前のコンピューター設備を持たず、各メーカーのコンピューターによる作業を行い、自前の倉庫は1つのみで残りは外注倉庫で運営されており、協業幅もウェアハウジングのみといってもよかった。1982年当初には、協業メーカーもエピック・ソニー、ポリドールを加えた4社であった[27]。一方、CBSソニー、ワーナー・パイオニア、徳間音楽工業、キャニオン、ポニー、エピック・ソニーの6社により開発された共同受注オンライン・システムが1981年6月から一部開始され、1984

年には6社全体に及ぶことになった[28]。さらにこのシステムには東芝EMIも加わることになり、CBSソニー・グループ（CBSソニー、エピックソニー）、ポリドール、徳間ジャパン、ポニー、キャニオン、ワーナー・パイオニア、東芝EMIの7社により、このシステムの実際の運営にあたるジャパン・ディストリビューション・システム（JDS）が設立された。こうして、共同受注・共同配送の仕組みは、「まず札幌、東京、福岡など全国7カ所に設置した共同受注センターで、小売店からの注文を電話で受け、同センターはその情報を日本情報サービス（東京）のコンピューターと専用回線で結んだ端末機にいったん入力する。すると、受注情報をもとにメーカー、発売元ごとの配送先、数量などを集計し、全国6カ所にある共同配送センターはその情報に基づき、小売店向けに商品を仕分け、梱包し、運送会社に委託して共同配送を行う」[29]。今やこのグループのシェアは50％に近いと思われる。

　なお、ここに至るまでの経過について若干ふれておきたい。たとえば、ポリドールは82年2月から、レコード・音楽テープ類の保管および受注・配送業務をジャパン・レコード配送に全面的に委託したのであるが、同社は当初単独で輸送の合理化をすすめる考えであったといわれる。しかし、全面委託方式により物流費（保管・配送）の削減をはかったわけである[30]。また、東芝EMIは、当初単独で物流の合理化をはかろうとしたが、1981年6月より北海道地区にかぎって日本レコードセンターと協業した。しかし一転して84年には、ジャパン・ディストリビューション・システムに加わったことになる。

　こうして、いまや単独で物流を行っているメーカーは、日本コロムビア、クラウンの2社にすぎない。この2社も物流コストでみると、協業物流の2倍はかかっている状態であるといわれている[31]。

　このように物流の共同化がすすんでくるなかで、物流の共同化はたんに物流面の変革を生んだだけではない。むしろ、それは、生産、販売、企画・政策などの諸側面にも大きな影響を及ぼしているのである。また、物流の共同化、すなわち物流面からのレコードメーカーのグループ化は、新たな集中傾向を生み出している。物流の共同化とレコード製造の委託とをあわせてみる

ならば、そのことはますます明瞭になるにちがいない。

Ⅳ　卸店の対応——星光堂を中心に

　レコードは典型的な多種少量生産商品でありかつ代替性の薄い商品であること、レコード会社から小売店への送品は通常毎日行われていることなど、レコードの商品特性と取引慣行は、レコード会社が中小零細のレコード小売店と直接取引することを困難にする。たとえば、レコード会社が数千の零細なレコード小売店に毎日数枚のレコードを送り届けることの費用と非能率を想像すれば、そのことは明らかであろう。しかし、逆にいえば、このことは、レコード卸店の存立根拠ともなっている。すべてのレコード会社の商品は、一旦卸店に集められ、そこから小売店単位にまとめられた商品が送られる。ここには、いわゆる取引総数最小化の理論といわれるものも、絵にかいたように適用されうる。したがって、レコード卸店の存在と中小零細のレコード小売店の存在とは、相互に前提しあうような関係にあり、またそれらが発展しようとする際にも同様である。

　レコード小売店の数は増加傾向にあり、それとともにレコード卸店も発展してきた。レコードの流通経路の概観についてはすでにみたが、レコードの流通の一部を担当する卸売業の構造はきわめて顕著な特徴をもっている。すなわち、星光堂の存在がそれである。たとえば、83 年の売上高についてみてみよう。星光堂 450 億円、ライラック商事 64 億 2200 万円、グラモショップ 36 億 8000 万円などとなっていた。これら 3 社の売上構成におけるレコード・音楽テープの比率は 90 ％近い。また、音楽テープ中心（売上構成 70 ％）の日本テープは 70 億円であった [32]。これらのほかに、大手のレコード専門店で卸売部門をもつものもある。これらいくつかの卸店の売上高規模を比較してみるだけで星光堂の突出ぶりが明らかである。レコード・音楽テープのシェアが 20 ％とも 30 ％ともいわれており、他方 1983 年のレコード・音楽テープの生産金額が 2817 億円であること [33] などからすれば、星光堂がレコード卸売業の大半を占める存在であることが推測できる。ちなみに、レ

コード専門店の最大手である新星堂の 83 年のレコード用品の売上高は、262
億 6000 万円であった [34]。

　星光堂は、このようにシェアからみても、レコード卸売業を代表している
が、その経営の基本政策が一貫して取引先＝傘下店の拡大であるということ
においても、際立っている。レコード小売店は全体で 8000 店あまりあると
いわれているが、そのうち 4000 店は星光堂の傘下店であるともいわれるし、
また星光堂資料によれば、星光堂の傘下店数は、レコード店、楽器店、電器
店、書店、カメラ店、時計店、スーパー、コンビニエンスストアなど、81
年に 4300 店とされていたのが、83 年になると 4800 店とされている。これ
らから、レコード小売店の過半は星光堂の傘下店でもあるといって差し支え
がないと思われる。傘下店数の拡大には当然 2 つのパターンがある。既存の
レコード小売店（特約店、あるいは他の卸店の傘下店）を自らの傘下店にする
場合と、新規出店のものを傘下店にする場合とである。このいずれの場合に
しても、卸店の小売店援助が必要である。たとえば新規開業について、星光
堂では、社員独立援助制度がある。すなわち、「勤続 5 年以上の社員が、レ
コード店を開業するとき、会社では、その資金 1000 万円、商品 1000 万円を
限度とし、勤続年数その他の条件に応じ」援助する、というものである（以
下、星光堂についての記述はとくに出所を示さないかぎり、星光堂資料による）。
すでに、星光堂社員または関係者が独立した店もかなり存在する。星光堂の
卸部設立は 61 年であるが、その後の星光堂の発展（売上高をみると、61 年 1
億 2000 万円、73 年 99 億円、76 年 227 億円、79 年 345 億円、そして 81 年 462 億
円と、素晴らしい成長ぶりであるが、またこの 81 年がピークでもあった）は、レ
コード小売店数の急増（59 年 1670 店、77 年 8100 店）[35] と対応している。こ
うして、卸店にとり、まず、新規開業の傘下店を獲得すること、次いで、そ
の営業を維持させることが、経営の基本政策となる。たとえば 2000 枚てい
どのレコードの品揃えしかもたない零細規模のレコード店が開業し、月に
40 万円程度の売上があったとすれば（またその売上金額の範囲内の商品の補充
しかしないものとする）、卸店は、その年に約 800 万円の売上が追加となるわ
けである。

　こうして、卸店は多数の中小零細の傘下店をかかえることになる。先に述べたような1980年代におけるレコードをめぐる環境変化は、卸店の経営内容にも反映せざるをえない。ここでは、80年代に入ってからの星光堂の業績をみてみよう（星光堂は6月決算である）[36]。まず、売上高は、80年375億5300万円、81年470億円、82年460億円、83年450億円となる。81年がピークで、その後、減少傾向にある。経常利益は、80年23億8300万円、81年27億2200万円、82年12億5400万円、83年11億2100万円となる。このような売上高、利益の1980年代に入って以来の減少傾向のなかで、市場環境の変化を反映して、商品別売上構成も変化する。1980年に、レコード68％、音楽テープ27％、その他5％であったのが、1981年に（同じ順に）、63％、31％、6％となり、82年に60％、34％、6％、そして83年には56％、32％、12％（うちビデオソフト4％、生テープ3％、CD2％）となった。レコードの比率は大きく減少し、音楽テープは最近までの増加傾向が逆転し、さらに新種のソフトが登場する、というような変化は、市場環境の変化にそのまま対応するものであり、レコードの急減とその他新種ソフトの登場が目につくが、前者を後者がカヴァしきれていない有様が示されている。次に、販路別売上構成をみると、81年に、専門店小売店92％、スーパー7％、その他1％であり、83年に（同じ順に）88％、10％、2％となっている。以上みた簡単な数値のなかにおいても、星光堂の業績の悪化・停滞傾向とならんで、同時に傘下店の維持・拡大努力をベースにした経営政策の方向をみてとることもできる。たとえば、傘下店に、レコード・音楽テープに加えて生テープを置かせて、そのディスカウント販売を店の魅力の1つにすることなど。しかし、この方向にそってなされた経営努力のうちもっとも注目すべきものは、ミュージックス（Music Store Information Control System の略）といわれる星光堂と傘下店との間のオンライン・システムである。

　1980年度に導入が開始された星光堂ミュージックス・システムの主要な特徴は、次の2点である。まず、星光堂と傘下店（さまざまな業態の小売店であって、4800店にも及ぶといわれる）との間のオンライン化が実現されたこと、次に、全メーカーの10万種に及ぶレコード・音楽テープをすべてコード化

し完全な単品管理が実施されたことである。国内の全レコードメーカーのカ
タログ商品の単品管理ということからすると、現在のところ、レコードメー
カーの物流協業化・共同受発注のシステムがいくつかのグループに分かれて
いることからすれば、この星光堂のシステムの包括性に及ぶものはないとも
考えられる。

　ミュージックス・システムには、レベルⅠ、レベルⅡ、レベルⅢの3つの
レベルが存在する。当初導入されたのはレベルⅠである。このために必要な
端末機モデルⅠを設置することにより、契約傘下店は、発注、返品、売上な
どのデータをインプットすることができ、発注時間が短縮され、夜間発注が
可能となるなど、これら業務の効率化がはかられる。「データは電話回線で
星光堂の営業所を通じ本社のコンピューターへ接続する。コンピューターは
処理したデータを営業所に下ろし、納品を指示する。星光堂は正確な末端情
報を迅速につかめるし、レコード店は夜発注しておけば朝には商品を配達さ
れるわけだ。しかも新譜や売れ筋情報もすぐ知ることができる」[37]。レベル
Ⅰは、このように受発注事務のオンライン化を主たる内容とするものである。

　次に、レベルⅡは、1984年秋に導入が開始された。これは、コンピュー
ターによって作成された商品カードを活用する基準商品管理システムによっ
て、従来のミュージックスの機能の大幅な向上をめざしたものである。その
仕組みを以下紹介する[38]。この商品カードには、それが新譜・旧譜のいず
れであるか、さらに旧譜について、基準商品であるか売切商品であるかなど
が記載されている。この商品カードによって、売上商品がどういう商品であ
るかを判別することにより、補充・売切の判断を行う。まず旧譜について、
基準商品とは、売れたら補充する商品であり、売切商品とは、売れたら売切
にする商品である。基準商品とは、基準商品リストに載っている商品であり、
その売上状況によって基準商品リストにランクが記されている。この基準商
品リストについては、全商品の売上状況によって毎月15日に商品の順位替
えが行われ、新しい基準商品リストが作成され、毎月20日にその新しいリ
ストが小売店に配布される。それとともに、新しく基準商品外となった商品
については、マーキング商品リストが作成され、基準商品リストと一緒に、

小売店に配布される。小売店では、これまで基準商品であった在庫商品の商品カードを抜き出して売切マークを付けなくてはならない。

　次に新譜について。新譜については、翌月度（いま1月だとすれば、1月15日からひと月間をいう）に発売予定の新譜のうち強力だと思われる新譜を一覧できるようにリストしてある新譜フラッシュが小売店に月初めに送付される。これには前月末時点でのその小売店の予定数も示されているので、小売店はその予定数をにらみながら時によれば追加発注などをする。続いて、その月10日時点での新譜予定数に従い、新譜仕入れリストと新譜の商品カードが小売店に送られる。その月度がおわると、星光堂において、仕入の発生した新譜について新譜商品リストが作成され、当該の小売店での仕入・売上状況に加えて、全国的な売上状況を示す傾向マークが表示される。このリストは、その新譜が基準商品リストに載る（あるいは載らない）までの1カ月間の運営を再検討する資料となる。新譜商品リスト作成後、次の15日で、リストに載った商品は旧譜扱いとなる。この新譜から旧譜に移行する際に順位づけされて基準商品に選ばれると基準商品リストに表わされ、さもないとマーキング商品リストに表わされる。

　以上みたのは、新譜・旧譜による月レベルの運営であるが、1日の作業という面からみるならば、まず売上インプットをしなくてはならない。すなわち、端末モデルⅠを用いて、発注キーで品揃え商品や客注商品の発注を、補充発注キーで基準商品が売れた際のインプットを、そして売上キーで基準商品以外の商品が売れたときの売上データをインプットしなくてはならない。さらに、商品カード・ボックスを利用することにより、管理しなくてはならない。

　なお、コンパクトディスク（CD）、ビデオテープ、ビデオディスクなどについては、別途、売筋情報リストが小売店に送付されることになる。

　さらに年3回（2月20日、6月20日、10月20日）4カ月ごとに基準商品分析表が作成される。この表によって、ある小売店の基準商品の総合分析がなされ、基準商品数の見なおしの資料が提供されることになる。

　以上、かなり詳しくレベルⅡについて紹介してきたが、要するに、このシ

ステムによって、傘下店に売筋情報を流し、それによって適切な在庫管理を行わせ、傘下店における不良在庫の発生とそのことの結果生じざるをえない返品の増大を阻止することが星光堂の目的である。また、このシステムは、経験と勘から情報化による管理の方向に大きく一歩をふみ出したものである。従来、レコード小売店の経営者の判断すべき最も大きな問題が売筋の新譜をどれだけの量発注するかということであり、その判断には一定年数の経験の蓄積が必要であるといわれてきたことからしても、このシステムの指向するものが成功するか否かは興味ある問題である。なお、すでにこのシステムの成功例のいくつかが報告されている。

　さらに、1985年には、ミュージックス・レベルⅢが導入されようとしている。これは、さきのシステムに、さらに顧客管理システムをも加えようとするものである。レベルⅢを導入し会員制度を開始すると、次の4つのレポート類が契約傘下店に送られることになる。まず顧客管理レポートは、会員登録者リスト、会員削除者リスト、アイウエオ順会員名簿、会員増減表、会員基本台帳などからなり、システム運営上必要なチェック用レポートである。次に、品揃え情報レポートは品種ジャンル別会員売上分析表、アーティスト別人気分析表からなる、顧客ニーズにあった品揃えを行うためのレポートである。販売促進レポートは、会員構成分析表、会員買上高順リスト、週刊ヒットチャート、特選アーティスト情報、ダイレクトメール用タック紙からなる直接に販売促進活動に利用するためのレポートである。そして、新譜予約促進レポートは、発売予定新譜分析表、発注計画表、目玉アーティスト別予約予定者リストなどからなるものである。これらのレポートを活用しながら、レベルⅢを運営するために、モデルⅢ POS端末機が開発されている。

　最後に、ミュージックス・システムの導入に必要となる小売店当りの費用は、レベルⅠが月に9000円であり、レベルⅡが月に1万6000円である。そしてレベルⅢについては月に4〜5万円になるという見込みである。レベルⅢを導入することによりかかる経費のことを考えるなら、星光堂の傘下店のうちでも一定水準以下の規模のものは、導入が困難であると思われるし、また導入した傘下店は星光堂に対してその費用にみあったメリットを要求する

傾向が強まるものと思われる。したがって、星光堂とその傘下店との間に一定の緊張関係をはらみながら、このシステムは、整備されていくと思われる。

　1980年代の環境変化に対する、星光堂のこれまでのべてきたような対応は、その卸部設置以来の、レコード小売店の新規開業の支援や開業後の経営指導の重視という基本姿勢の延長線上にあり、「星光堂＋傘下店」のシステムとしての効率化をめざそうとするものである。この、システムとしての効率化により、多くの中小零細の傘下店をかかえながら、1980年代における環境変化、またとりわけ来たるべきレコードの再販制度廃止後の状況を乗り切って行こうとするのが星光堂の経営戦略である。しかし、同時に、ここには、星光堂と中小零細小売店の共存共栄をはかるという枠組のなかにはおさまりきらない問題も存在する。この点、近年のアメリカの先端的卸売業者の戦略は参考になる。「米国の先端的卸売業者を訪れると、付加価値サービスの提供こそ自社の商品だと説明するところがほとんどだ」。「各社の経営戦略の共通点は、コンピューターなどの高度技術を使って、小売店への商品納入から、在庫管理、店頭管理、財務管理、販売促進、市場調査、店舗開発、社員教育まで、きちんとシステム化し、小売店に売っていることだ。いわば、在庫と配送機能を中心とした従来の卸売業務のほかに、経営コンサルタントや広告代理店、システムハウスなどの機能を加えた複合業態である。各社とも社内に専門部門を設けたり、別会社を設立してグループ化を図り、複合機能の開発に取り組んでいる」[39]。ちなみに、星光堂は、ミュージックスター社、ミュージック・コーポレーション、プラネット、ワセダ運輸などの子会社をもち、それぞれに特有の機能を受け持たせている。

V　レコード流通における情報ネットワーク化の進展

　1980年代に入ってから今日に至るレコードをめぐる環境の激しい変化のなかで、レコードメーカーと商業とは、コンピューターの導入と通信回線の利用による情報管理の強化によって、これに対応しようとしてきた[40]。レコードメーカーによる物流共同化（協業物流）とレコード卸店星光堂による

ミュージックスは、その代表的な例である。また本章のなかではふれなかっ
たが、大手のレコード小売店のなかでは、POS が普及している[41]。こうし
て、レコードの流通において、個別企業の枠を越えた情報ネットワークが進
展していく。この情報ネットワーク化には、いくつかのシステムがある。例
えば、メーカーと特約店を中心にするものと卸店を中心とするものである。
これらのシステム間の競争のなかで、よりすぐれた情報ネットワークを構築
しえた者が競争に勝ち残ることになると思われる。また、こうした情報ネッ
トワーク化の進展の過程は、一面、実質的には資本の集中の過程でもあると
考えることができる。LP から CD への転換、また来たるべき再販制度の廃
止は、このシステムの有効性をためす試金石となるにちがいない。

1) 日本レコード協会『昭和 58 年レコード生産の全貌』日本レコード協会、1984 年、
   1 ページ。
2) 全国大学生活協同組合連合会商品部「レコード業界をとりまく環境変化について」
   1981 年。
3) 貸しレコードとレコード購買との関係について、貸しレコード利用者はかえってよ
   くレコードを購買するという内容の分析が、ある大学を事例として、田中拓男氏に
   よってなされている（田中拓男「レコード需要の数量化分析」『経済学論纂』中央大
   学、第 24 巻 4・5 合併号、1983 年 9 月、所収）。しかし、貸しレコードが出現して以
   来の事実経過は、貸しレコードにより、レコード売上が減少したことを如実に物語っ
   ている。たとえば、京都の大学についてみると、立命館大学生協では 1980 年度の
   ピーク 7607 万 6000 円の売上が、翌年度には前年比 87 ％に、さらに翌 82 年度には前
   年比 70 ％になり、83 年度には 4332 万 6000 円となった。また、京都大学生協では、
   80 年度の 1 億 2075 万 5000 円が、翌年度には前年度の 82 ％に、さらに 83 年度には
   ピークの 80 年度の 63 ％の 7649 万 5000 円にまで激減した（大学生協連資料による）。
4) LP から CD への転換においては、クラシック部門が先行している。また、「日本
   フォノグラムのクラシック部門では、今期中に CD が LP の売上げを上回る見込みで
   あり、……たとえばバーンスタインの〈トリスタンとイゾルデ〉は CD が LP の 2 倍
   以上の 5000 セットのセールスを既に達成しており、今後のマーケットの動向を知る
   うえで、世界中が注目しています」（『レコード芸術』1985 年 1 月号、194 ページの
   フィリップス・クラシックス社長 J.H. キンズル氏の発言による）。
5) 前掲『昭和 58 年レコード生産の全貌』1 ページ。
6) 公正取引委員会「レコード産業の実態調査について」公正取引委員会事務局編『独
   占禁止政策の主要課題』大蔵省印刷局、1979 年、所収。

7) 同上書、99 ページ。

8) 運輸省監修『日本物流年鑑』1979 年版、ぎょうせい、1979 年、81 ページ。

9) 前掲「レコード産業の実態調査について」102 〜 103 ページ。

10) 同上書、100 ページ。

11) 同上書、106 ページ。

12) 前掲『昭和 58 年レコード生産の全貌』10 ページ。

13) 河端茂『レコード産業界』教育社、1982 年および杉浦肇・新井行雄『レコード店経営のすべて』経営情報出版社、1981 年、参照。

14) 前掲『日本物流年鑑』1979 年、80 ページ。流通経済研究所編『商品流通ハンドブック』日本経済新聞社、1981 年、642 ページ。

15) 河端茂、前掲書、87 ページ。『日刊レコード特信』1983 年 12 月 26 日。

16) 『日本経済新聞』1983 年 11 月 18 日。

17) 『日経産業新聞』1984 年 9 月 7 日。

18) 前掲『日本物流年鑑』1979 年、80 ページ。

19) 同上書、82 ページ。

20) 前掲『日本物流年鑑』1977 年、461 〜 464 ページ。

21) 日本経済新聞社編『物流・高コスト時代』日本経済新聞社、1981 年、94 ページ。

22) カーゴニュース編集部編『1983 物流要覧』下巻、カーゴジャパン、1983 年、147 ページ。前掲『日本物流年鑑』1979 年、80 ページ；1980 年、145 ページ；1981・1982 年、160 ページ。

23) 『日刊レコード特信』1983 年 12 月 26 日。

24) 前掲『日本物流年鑑』1981・1982 年、160 ページ。

25) 『日経流通新聞』1981 年 12 月 10 日。

26) 『日経流通新聞』1983 年 2 月 17 日。

27) 前掲『日本物流年鑑』1981・1982 年、160 ページ。

28) 『日経流通新聞』1981 年 4 月 27 日。

29) 『日経流通新聞』1984 年 6 月 12 日。

30) 最近ポリドールの物流業務の日本レコードセンター（日本ビクターの子会社）への移管が報じられた（『日本経済新聞』1985 年 3 月 19 日）。1984 年 12 月に日本ビクターがポリドールに資本参加したことにより、ポリドールは、日本フォノグラムと同様に、オランダのレコード会社ポリグラム社と日本ビクターの合弁会社となった。同一資本系列となったためポリドールと日本フォノグラムの販売・物流業務の一体化が問題となり、このようになったわけである。こうして、物流系列と資本系列の一致をみる（『日経流通新聞』1981 年 9 月 25 日）。

31) 流通経済研究所編『商品流通ハンドブック』日本経済新聞社、1981 年、642 ページ。

32) 日本経済新聞社編『流通会社年鑑』1985 年、日本経済新聞社、1984 年、512 〜 514 ページ。

33) 前掲『昭和 58 年レコード生産の全貌』1 ページ。

34）前掲『流通会社年鑑』1985 年、376 ページ。

35）前掲『日本物流年鑑』1979 年、81 ページ。

36）前掲『流通会社年鑑』1982、1983、1984、1985 年による。

37）『日経流通新聞』1981 年 12 月 17 日。

38）星光堂『Musics レベル II 運営マニュアル』1984 年。

39）『日経流通新聞』1985 年 1 月 7 日。

40）情報ネットワークについては、今井賢一『情報ネットワーク社会』岩波書店、1984
　　年、参照。

41）田中拓男、前掲、102 ページ。

c

*

消費の変化と流通
―堤清二の時代―

5
商業経済論における消費および
消費者の取り扱いをめぐって

1　はじめに

　1980年代において、消費にかかわる多くの議論が、さまざまの論者により、またさまざまのアプローチにより、展開されてきた。とりわけ「小衆化」論、「分衆」論、「階層消費」論を契機として、一種の流行現象化したと見ることもできるかもしれない。しかも今日その論争について一定の整理が行われるべき段階に来たとも言われている[1]。

　そのような議論の行われるなかで、マルクス経済学による商業経済論にかかわるものたちは、消費論争に対してきわめて禁欲的な態度をとりつづけていたという印象がある。そこからうけた奇妙な印象について、一定の整理を行うことが本稿の課題である。

　本稿の内容は、したがって、今日の消費論の原型であると筆者の考える問題提起の例とのコントラストにおいて、商業経済論における消費および消費者の取り扱いを概観することである。さらに、そうした取り扱いのよって来たるところを概観することも、本稿の課題となる。

　なおここで商業経済論と呼んでいるのは、森下二次也氏の理論を総体としてイメージしたときに浮かび上がってくるような理論体系をさしている[2]ので、必ずしも「商業」に制限されているわけではない。

　研究としてはいまだ未成熟の段階における中間整理的覚え書ということもあって、非常に引用が多くなった。引用させていただいた方には感謝しなくてはならない。

2　消費経済研究の重要性についての問題提起の2例

　近年の消費論は、マーケティング論的視点によるものから社会・文化論的視点によるものに及ぶ。たとえば堤清二氏の発言はその両面に及んでいる。『変革の透視図』（初版）のなかで、社会・文化論的視点から、わが国大衆消費市場の基本的性格として次の3点が挙げられている[3]。

　①物資的な基礎としての所得の平準化がすすみ、生活意識を拘束する規範が完全になくなり、だれもが同じような生活をしてよい、また、そうすべきであるという意識が一般化した。このようにしてマス化・大衆化が一般化すると同時に、自分の存在を明確にしたいという個別化の傾向もうまれてきた。したがって、わが国の大衆消費市場は、第1次消費革命以後、つねに大衆化と個別化という2つの力にひっぱられるという体質を持つようになった。

　②わが国の大衆消費市場を考える場合、均質性と多様性の2つをみなくてはならないが、わが国の市場の多様性は欧米におけるそれとは根本的に異なる。すなわち、欧米における多様性が、民族的な、あるいは文化的伝統の多様性にその根をもつのに対して、わが国における多様性は、世代間による消費意識の違いや、都市計画の不在、社会投資の不十分さなどからくる局地的生活条件の差異などにもとづくニーズの相違となってあらわれている。と同時に、歴史の重層性からもたらされる消費生活の多様性もわが国独特のそれである。

　③現象的にみた富裕な大衆の存在から、高級な生活の大衆化が流通産業の役割であるという考えが生じた。この場合、高級な生活とは、まったく物質的側面からだけの欧米的生活を意味した。このような土壌から、あらゆる知的・芸術的産物が、たやすく風化していく社会環境が生まれた。こうして文化的堕落が日本経済の高度成長に非常に役立った。文化的産業といわれる分野での生産物の質の低下と、"文化的"ではない分野での品質レベルの向上という、いわば矛盾した現象こそ、日本のマス・マーケットの現状である。

　とくに、この第3点は、次のような発言によって補強されている[4]。

社会状況と現象面でのめざましい変化と多様性とをつらぬいて、日本社会には本質的な停滞がみられる…

　ところが、そのような本質的な停滞が、ようやく大きな変革の時期にさしかかってきており、人びとの不安に対する心情が一般化してきている。現在の不安は、こんにちの経済体制の有効性・妥当性に対する不信感そのものである。

ここでは、この不信感が、今はどのようなかたちであらわれているかということについてはふれない。しかし、以上の堤氏の発言のなかには、今日の消費論のなかで問題にされているいくつかの基本的な論点が含まれている。すなわち、豊かな社会的状況のもとでの消費および消費者の個性化・多様化の問題であり、その背景にはめまぐるしい現象的な変化と多様性をつらぬいて流れている本質的な停滞の問題がおかれている。しかも、その変化への予感を含めて。

　さらに、『変革の透視図』（改訂新版）においては、初版から改訂新版に至る数年における消費をめぐる状況の変化をふまえて、次のような発言が付け加えられている[5]。

　あまりにも長い間、生産主導・生産優位の時代が続いてきたために、われわれはじつのところ「人間の消費」という問題について無知でありすぎたことを大いに反省する必要がある。市場が未成熟の時代には生産主導でも流通させることができた。しかしながら今日のように市場がある一面で成熟化、飽和化した状況のもとでは、もはや「生産の論理」で市場を動かすことは不可能になっている。生産者も流通業者もともに「生活の論理」の側から発想しないと、消費者の欲求にあった商品をつくることができないし、売ることができなくなってしまったのである。

「消費不振」ということが、多くの産業人にとっては、あたかも構造的な

ものであるように映るのであるが、はたして本当にそうであろうか。「家計調査報告」の消費支出の実質伸び率はそれほど悪いわけではないし、流通・サービス業の分野をよく見てみると、コンビニエンスストア、無店舗販売、外食産業、宅配・引越サービス業などの新勢力の伸びが著しい。にもかかわらずモノが売れないという現実があることも事実である。消費者の考える生活目標が、従来のように単純な「物的充足」にだけあるのではなく、「精神充足」といった拡がりをみせ、その結果、消費の内容および消費者の行動様式が根本的に変わってきたことがその背景にあるのである。

消費者の購買意思決定が何を基準になされるかは時代とともに変化してきたわけだが、現在、もっとも支持率の高い意見は、「好きか嫌いか」という判断基準である。こういう物差しをもった消費者に対して、いくら生産の論理でプッシュしても無意味である。

むしろ非科学的であった消費および消費者についての考察が改められなければならない。

堤氏は流通産業の経営者としての切実な実感をもって、生産の論理から生活の論理への転換を提起し、その背景に、消費者の行動様式の根本的な変化を見ている。

さらに改訂新版の「あとがき」のなかでは、消費および消費者をとらえるための武器としての情報化について、次のように言及している[6]。

エレクトロニクスの発展がもたらす新しい情報処理システムの出現とネットワークの形成は、おそらく現在予想されているのとは異った形で、流通に大きな影響を及ぼすであろう。…市場の情報の迅速な処理と厖大な顧客情報の分析の可能性の増大が、企業の側からの市場への新しい接近を可能にすると思われるからである。その場合、消費とは何だったのか、ということへの回答が、のっぴきならない消費者から投げ返されてくるはずである。そのなかには、消費という行動が本来持っていた本質の現れと、新し

い時代の新しい消費者の反応とが分ち難く絡まっているに違いない。

　このように堤氏は、消費経済研究の重要性について提起し、その際いわゆる情報化のもつ武器としての役割への期待に言及している。ここでは、社会・文化論的視点にとどまらず、流通産業の経営者としてのマーケティング論的視点も前面に表わされている。さらに情報化にかかわり、消費および消費者の現実をつかもうとする作業における自信の一端の表明をみることができるといってもよい。

　さてつぎに、山崎正和氏の発言を聞こう。山崎氏は、生産と消費の社会的な価値の相対的な変化についてふれている[7]。

　いつの世にも、生産と消費は表裏一体の関係にあり、一方がなければ他方もありえない関係にあるが、社会的な価値づけのうへでは、必ずしも両者が対等に扱はれてきたわけではない。それどころか、17世紀に始まる産業化の時代を通じて、消費の社会的な価値はいちじるしい低下を見せ、社会の基本的なかたちを決める原理としては、もっぱら生産にかかはる人間関係だけが認められることになった。じつをいへば、社会を組織する原理としては消費もまた大きな力を持ちうるのであって、事実、宮廷や宗教団体や平時の軍隊は消費によって結ばれた組織であり、16世紀以前は、むしろこれらの方が社会全体の基本的な形態を決めてゐた。だが、産業化社会の開始とともに、かうした消費志向の組織は軍隊をのぞいていづれも存在感を弱め、代って、工場組織や労働組合といった、生産の場における人間関係が比重を高めた。17世紀に生じたこの転換は、人間の文明史にとってきはめて重大な意味を持つ事件であって、…現代人の大多数は、かつてさういふ転換が起ったことさへ忘れてゐる。じつは、それほど生産による社会の支配は徹底化したのであって、ながらく、われわれは消費が社会と文明を決定する力を見失ってきた。じっさい、この300年、国家の政治を動かすものが株式会社の労働組織であった、といふだけのことではなく、マックス・ヴェーバーの分析の示すやうに、近代人の自我意識の根底

を支へるものさへ、ものを生産する行動だと考へられてきたのである。

　もちろん、この生産の優位は今日も根本的には変つてゐないが、しかし、この 10 数年、社会の価値観にその点で微妙な変化が始まつてゐることも、事実であらう。その大きな背景は社会の豊かさであり、60 年代に「消費は美徳だ」という標語が生まれたのもその徴候であつたが、より直接的には、70 年代のエネルギー危機と、産業のエレクトロニクス化が引金になつたと考へられる。エネルギー危機は、一応は消費にたいしても節約を求めるものであつたが、それ以上に、むしろ大量生産をめざす生産至上主義に冷水を浴びせる効果を見せた。それまでの消費の奨励は、じつは生産を拡大するために企てられたものであつたのにたいして、これ以後は、より賢明な消費、いひかへれば、ものの生産を過度に刺戟しない消費が奨励されることになつた。一方、省エネルギー産業の育成と、エレクトロニクスによる工場の自動化は、結果的に余剰労働人口を生むとともに、より消費に密着した商品を送り出すことになつた。余剰労働人口は、いはゆるサーヴィス産業の繁栄をうながし、要するに、ものの生産を媒介しない消費といふ観念を育てていつた。同時に、省エネルギー産業とは、言葉をかへれば、生産のための素材を作る産業ではなく、より消費に密着した情報集約商品を生む産業であつたから、これも結局、社会に消費を重視する思想を育てることに寄与したといへる。

　かうして、70 年代は消費の社会的価値が着実に高まり始めた時代であり、そのこと自体が 300 年来の変化だといへるのであるが、それはまた、これに並行して、消費行動のかたちそのものが変り始めた時代でもあつた。ひと言でいへば、それは第一に、個人がより個別的な嗜好にしたがつて商品を選別する時代であり、第二には、物質的な商品よりも、もつと直接的な個人的サーヴィスを要求する時代の始まりだつたのである。

　山崎氏は 300 年の歴史的パースペクティヴのなかで社会を組織する原理として生産と消費を位置づけ、とくに 70 年代における前者から後者への移行の方向性を強調する。このような歴史理解について異論をとなえることはも

ちろん可能であろう。しかしながら、ここに示される「消費」への志向が魅力的な視点を提供していることも確かである。

　うえにあげた2つの問題提起は、生産から消費への重点の移行と、とりわけ近年における消費と消費者の変化のなかにその移行の契機を見ることとにおいて共通している。言いかえるならば、豊かな社会的状況における消費および消費者の個性化・多様化の問題が、中心的な問題として置かれ、その現実的・具体的な理解と把握が課題とされているのである。この点、のちに見るものとは、顕著なコントラストをなしているといってもよい。

3　『資本論』における消費

　堤清二氏はまえにあげた著書のなかで、流通産業は「資本の論理と人間の論理の境界に位置している産業」であり、「資本の論理だけでは解明しにくい本質を備えている」のだから、「流通小売り業の問題を解明してゆく上では、市場経済を自明の公理とする立場からも自由になった視点が必要のように思われてくる」としたうえで、次のようにマルクスに言及する[8]。

　　そこで想起されたのはマルクスの資本論のなかに登場する……「本来、人間の個性的な生活過程であるべき消費は、労働力の再生産過程としての意味をもっていて、それ以外ではない」という著述であった。学生の頃にも、同じ箇所は読んだはずなのだが、ことに「人間の個性的な生活過程であるべき」という部分は全く見落としていたことに気付いたのであった。マルクスが資本論を書いた時代、理論的抽象の操作として、消費を労働力の再生産過程と規定したことは、おそらく現実とそれほど異ってはいない概念化といえたのであったろう。しかし、その際でも、天才マルクスは消費を、本来、人間の個性的な生活過程、と指摘することを忘れなかった。そして今日、豊かな社会が一部の国々においては成立し、再生産過程に必要である以上の生産物を人々が消費できるようになった時、そこでは消費の「個性的な生活過程」としての性格が経済学の問題として登場してきて

82

いるのではないだろうか。

　このような消費についてのマルクス理解は、堤氏の著書をつらぬく基本的視点である。さきにふれた「消費という行動が本来持っていた本質の現れと、新しい時代の新しい消費者の反応とが分ち難く絡まっている」というセンテンスも、このような視点からふれられているわけである。
　マルクスがうえのように語っているとすれば、「労働力の再生産過程」か「個性的な生活過程」かという二者択一は、マルクスの一面的理解だといえることになる。ともかく、商業経済論における消費の取り扱いの根拠をなしているのが、マルクスにおけるそれであることが確かであると思われるからには、マルクス自身の説明を見る必要があるだろう。ここでは、さしあたり、『資本論』第1巻の「単純再生産」の箇所によって、マルクスにおける消費を概観しよう。
　「単純再生産」の箇所では、資本主義的再生産の本質をもっとも単純な形で示すことが課題とされている。すなわち、「資本主義的生産過程の事実的に与えられた基礎であり出発点だった」「労働生産物と労働そのものとの分離、客体的な労働条件と主体的な労働力との分離」が、「過程の単なる連続、単純再生産によって、資本主義的生産の特有な結果として絶えず繰り返し生産されて永久化される」ということが、それである[9]。このようななかに消費も位置づけられている。まず、労働者の行う消費に2つの種類があることが述べられる[10]。

　　生産そのものでは、彼は生産手段を自分の労働によって消費し、それを前貸資本の価値よりも大きな価値のある生産物に転化させる。これは彼の生産的消費である。それは、同時に、彼の労働力を買った資本家による彼の労働力の消費でもある。他方では、労働者は労働力の代価として支払われた貨幣を生活手段に振り向ける。これは彼の個人的消費である。だから、労働者が行う生産的消費と個人的消費とはまったく違うのである。第一の消費では彼は資本の動力として行動するのであって、資本家のものになっ

ている。第二の消費では彼は自分自身のものであって、生産過程の外でいろいろな生活機能を行う。一方の消費の結果は資本家の生活であり、他方の消費の結果は労働者自身の生活である。

　このように、労働者の行う2種類の消費のうち個人的消費では、労働者は自分自身のものであるかのようである。しかし、労働者の個人的消費も、「個々の資本家と個々の労働者とにではなく、資本家階級と労働者階級とに目を向け、商品の個別的生産過程ではなく、資本主義的生産過程をそのながれとその社会的広がりとのなかで見るならば」、その相貌は一変することになる。マルクスは次のように語る[11]。

　　労働力と引き換えに手放される資本は生活手段に転化され、この生活手段の消費は、現存する労働者の筋肉や神経や骨や脳を再生産して新しい労働者を生み出すことに役だつ。それゆえ、絶対的に必要なものの範囲内では、労働者階級の個人的消費は、資本によって労働力と引き換えに手放された生活手段の、資本によって新たに搾取されうる労働力への再転化である。それは、資本家にとって最も不可欠な生産手段である労働者そのものの生産であり再生産である。つまり、労働者の個人的消費は、それが作業場や工場のなかで行われようと外で行われようと、労働過程のなかで行われようと外で行われようと、つねに資本の生産および再生産の一契機なのであ（る。）……労働者は自分の個人的消費を自分自身のために行うのであって資本家を喜ばせるために行うのではないということは、少しも事柄を変えるものではない。…労働者階級の不断の維持と再生産も、やはり資本の再生産のための恒常的な条件である。資本家はこの条件の充足を安んじて労働者の自己維持本能と生殖本能とに任せておくことができる。彼は、ただ、労働者たちの個人的消費をできるだけ必要物に制限しておくように取り計らうだけであ（る。）…

　こういうわけで、社会的立場から見れば、労働者階級は、直接的労働過程の外でも、生命のない労働用具と同じ資本の付属物である。労働者階級

の個人的消費でさえも、ある限界のなかでは、ただ資本の再生産過程の一契機でしかない。

このようなマルクスからの引用をすなおに読むならば、「本来個性的生活過程であるべき消費」という主張を読みとることはなかなか困難である。もちろん、マルクスは、「絶対的に必要なものの範囲内では」とか、「ある限界のなかでは」とか、留保条件をつけているし、「労働者は自分の個人的消費を自分自身のために行う」ということを再三繰り返している。しかし、労働者の個人的消費をポジティヴに取り扱っていないということも確かである。叙述の課題がそうしからしめるということは認めなくてはならないが。

こうして、商業経済論における消費の取り扱いは、「労働力の再生産過程としての消費」という視点に拘束されたものとなる。

4　商業経済論における消費の取り扱い

ここでは、商業経済論を代表するものとして、森下二次也氏の消費および消費者の取り扱いについて見ることにしよう。

まず消費（個人的消費）について、森下氏は、消費そのものについての詳しい言及を行っているわけではない。消費そのものの研究が課題とされているわけではないので、当然であるかもしれない。しかし、たとえば、『現代商業経済論』（改訂版）のなかで、個人的消費についてふれられているところを見ると、一定の特徴があるようである。消費についてふれられている主要な箇所は3つある。

①第1部第4章　商業資本の分化（自由競争段階）
②第2部第7章　商業資本の排除（独占段階）
③第2部第8章　1商業独占の形成（独占段階）

ここでは、それらのなかでも最も包括的に消費について述べられている「商業独占の形成」のところから引用しよう[12]。

殊に小売商業においては資本が巨大となるためには特定の条件をみたすものでなくてはならない。なぜなら……個人的消費は本来小規模、個別的、分散的なものである。このうち分散性は大都市の出現によってうちやぶられるが、しかしなお広汎な地方市場を残してこれは依然として分散的であるだけではなく、交通機関の発達に伴ってかえって大都市人口の地方分散の傾向さえある。個別性は商品の標準化、単純化によって制限されるがもちろん個人的嗜好の多様性を完全に除去することはできない。小規模性は家庭用保管設備（冷蔵庫）の発達による購買単位の大規模化によって多少は緩和されるが、しかし逆に世帯人口の激減傾向によってますます促進される。要するに個人的消費のこの特殊性はある程度とり除くことができるけれども、これをなくすことはできない。これらの事情は「経営の大きさに一定の限界」を与えずにはおかない。そこから小売商業資本というような特殊の商業資本の形態が生み出されてくるのである。この限界を突破するためには、個人的消費のこれらの特殊性に適合しながら、しかもそれを克服するような特別の形態を工夫しなければならない。百貨店、通信販売店、連鎖店などみなその例であるといってよい。すなわち百貨店は人口の都市集中を基礎として、壮大な店舗に多種多様の商品を取揃え、徹底した広告とサーヴィスとをもって広汎な消費者を吸引し、通信販売店は発達した通信網を利用して分散した消費者に接触し、連鎖店は比較的小規模の店舗を消費者の分散に応じて各地に分散させて自ら消費者に近接することによって、みぎのいわば自然の限界を突破したのである。

ここに見られるように、個人的消費は、「固有の小規模性、分散性、個別性」をもつものとしてとらえられている。個人的消費の限界は小売商業の規模を制限するが、一方その限界を克服する試みのなかから、商業独占が形成されてくる。さらに、卸売段階については次のように言及されている[13]。

卸売段階では商品別専門化の傾向が顕著であり、また商業資本の消滅、排除ないし従属化の作用が強くはたらくという事情のほかにそこでの独占

が小売段階におけるほど堅固ではないことの理由として、なお小売市場の独占的性格という事実を見落としてはならないであろう。その基礎は消費の分散性＝地域制、個別性であるが、それがさらに消費者の商品、市場にかんする知識、情報の欠如、消費者購買の非合理性などによって補強されている。もちろんこのことからあらゆる小売商業資本である、などといったらこっけいであるが、しかしこのような小売市場の性格が小売段階における独占の形成を容易にし、形成された独占を堅固にすることに役立っているということは否定できないであろう。

さて、森下氏によるうえのような言及は、一面においてわが国の高度成長期の状況をよく反映しているといえるかもしれない。あるいは、高度成長期における商業経済論の課題をさし示しているといえるかもしれない。なぜなら、個人的消費の小規模性、分散性、個別性をあげ、しかもそれらを克服すべく課題づけられた企業（大メーカーおよび大規模小売業）のことを想起するとき、堤清二氏のいう近代化論の枠組のなかにすっぽりとはまり込んでしまうようにも思われるからである。

5　商業経済論における消費者の取り扱い

消費の取り扱いのつぎには、森下二次也氏の『現代の流通機構』をテキストとして、消費者の取り扱いを見なくてはならない。

(1) 消費者の立場

森下氏は、「まえがき」のなかで、消費者の立場を一貫すると述べている。その際、消費者の立場とは次のようなものである[14]。

現代の消費者はすぐれて労働者である。そして彼らこそ現体制のもとで真実を客観的に分析する科学的認識の主体となることのできる唯一のものである……。彼らの目を通して見るとき、流通機構が現体制のもとで消費者

のためにありうるなどという幻想はおそらく論外であろう。もちろんときどきの流通機構のありようにたいして鋭い要求をつきつけることを怠りはしないであろうが、しかしそれだけで万事が解決すると考えはしないであろう。彼らの冷徹な目が、流通を支配する客観的な法則性を見抜けないはずはない。

このように、消費者＝労働者というのが、森下氏の出発点である。このような消費者の立場から流通の問題は提起され、解決されなければならない。その際、この著書の書かれた時点における直面する流通問題は、「わが国の現代流通企業の反消費者的性格、その意味での反社会性」[15]であった。しかしながら、問題はそこにとどまるものではない。森下氏は次のように言う[16]。

現代流通機構はすぐれて生産者のためのものである。それはそのときどきの生産方法に照応して、支配的な生産者にとってもっとも有利になるように形成されるものである。このことを忘れて、流通機構だけを切りはなして、すなわち生産方法や、その基礎のうえに立つ体制とはかかわりなしに、これを消費者への奉仕者に編成がえできるなどと考えるのは全く情緒的な幻想でしかない。もちろん現体制のもとで、流通機構の消費者にとっての欠陥のあれやこれやを指摘し、そしてそれに対する処方箋をかくことは全く不可能ではないし、また無意味でもない。だがそれで問題がすべて解決するわけではない。

(2) 消費者問題[17]

「いったい消費者とはなにか」という問に対して、その答えは、「もっとも平板に消費者を消費する人間と解するならば人間はすべて時空を超えて消費者である」、「だが自給自足の経済では消費者はまた生産者であって、生産者ではないたんなる消費者なるものは存在しない」、「そのような意味での消費者は商品生産とともにはじまる」というものである。すなわち、「生産者で

88

はないたんなる消費者」こそが、消費者である。

　商品生産社会では生産者と消費者は分離するが、単純商品生産のもとでは、その分離は完全ではない。しかし、「資本主義的商品生産のもとでは生産者と消費者は完全に分離されている」。なぜなら、労働者は実際に生産の仕事を担当しているとはいえ、「その生産物の所有者でもないし、その売り手でもない。彼は資本主義的商品生産の意味における生産者ではない。彼が売りうる唯一のものは彼の労働力であり、その労働力の再生産に必要な一切のものは、……資本家の手から買わなければならない」からである。純然たる消費者とは、労働者のことである。

　したがって、「消費者が直面する問題」は、「基本的には彼の労働者としての問題の反射である」。その問題とは、①生産過程における搾取であり、その結果労働者の消費は貧弱なものとなる（労働力の価格がその価値以下に切り下げられるとき、一掃消費は貧弱となる）。②労働者は貧弱な消費を実現するために、消費者としては、流通過程における収奪にさらされている。このことは、「なによりもまず労働者がかぎられた購買力をもって買わなければならないのはぎりぎりの生活資料であり、それ故彼はこの購買をやめることはもちろん、それを延期することさえできない」のだから、なおさらである。

　このような苦況から脱出しようとする労働者の集団的運動は、①に対して労働（者）運動として、②に対して消費者運動として展開される。

⑶ 消費者主権について
　森下氏のいう消費者主権とは、次のようなものである[18]。

　　競争は……売手と買手との間、売手相互間、買手相互間でおこなわれる。もちろん競争において売手買手ともに「自由」である。個々の売手は市場価格を基準として何をどれほど生産すべきか、それをいかなる価格で販売すべきかを決定し行動する。個々の買手もまた市場価格を基準にして行動を選択する「自由」をもっている。つまり「消費者主権」をもっている。消費者はもちろんそこで購入すべき商品の種類、品質、価格についてでき

るだけ合理的に振舞おうとする。できるだけ賢い消費者であろうとする。
……

　（しかし，）そもそも消費者は生産と生産物とにたいする支配をもたない
からこそ消費者たりうるのであって，だから「消費者主権」のごときははじめから形容矛盾である。それだからこそここでも消費者問題はあったし，
それに対応する消費者運動もみられるのである。にもかかわらず，たとえ
名目的なものにすぎないとはいえ消費者が選択の「自由」をもっていたと
いう事実は無視できない。

　うえのような自由競争段階での特徴は，独占段階においては一変する[19]。
消費者が市場において対面する価格は，市場価格から独占価格に変化する。
その結果，「価格を基準とする選択の余地が残されていない」というだけで
なく，「独占価格による消費者収奪が体制化されている」。

　　まだそれだけではない。独占資本は……価格の面で協調するだけ……他
　の面での競争は激しさを加える。この段階での市場問題の深刻化はこの競
　争に一層拍車をかける。そのための増加流通費用はもちろん独占価格を通
　して最終的には消費者に転嫁されることになるが，ここで注目しなければ
　ならないのはむしろこの手段としてのあれやこれやの消費者操縦である。
　これによって消費者は独占資本にとっての管理の対象となる。ここでは
　「消費者主権」は名実ともに消失してしまう。

　このように，自由競争段階においては名目的に存在した消費者主権が，独
占段階において名実ともに消失してしまうとするならば，むしろ「生産者主
権」が支配的となるといわなくてはならない。「消費者は独占資本にとって
の管理の対象となる」。

⑷　等質・一様化と異質・多様化
マーケティングによる消費者の操縦について，第2次世界大戦後のアメリ

カのマーケティングが新製品計画を中心としているということにかかわって、次のように言及されている[20]。

　新製品の早期大量生産を実現するためには市場の等質・一様化のための促進活動が必要であるし、ついでその等質・一様市場の分割争奪のための差別化政策がおしすすめられる。特に製品の成長期には計画的陳腐化と結合した差別化政策が頂点に達する。しかし製品の成熟期、とくに飽和期にはいって需要が鈍化しはじめると、企業は一層集約的に市場を開拓するため、いったん等質・一様化した市場をこんどは反対に異質・多様な市場部分に細分し、その特定細分市場の全面的占拠を企てるようになる。これが市場細分化である。市場における需要は……実際上異質・多様である。市場細分化がこの現実の需要の異質・多様性に対応するものであるかぎり、これをことさらに問題にする必要はない。しかしそれは決して現実の異質・多様性の程度にとどまることで満足するものではない。むしろ強力な説得活動によってその程度を超えて異質・多様性をつくりだしていくところにその特徴があるといえる。

　さてこのように、等質・一様化から異質・多様化へ、またその反対に異質・多様化から等質・一様化へ、消費者が操縦されていくなかで、そのためのマーケティングにとっての武器として消費者行動研究の課題が位置づけられる[21]。

　戦後の変化の激しい環境のなかで、これに「創造的」に対応してゆこうとするマーケティングの要求に応える（ためには、）……消費を積極的に操縦するためには消費者の購買意思決定のメカニズムそのものをあきらかにし、これに有効に介入しなければならない。

(5) 生活協同組合

以上みてきたように、消費者＝労働者が森下氏の出発点であり、そこから

体系的に消費者問題と消費者運動および労働（者）運動が説明される。他方、消費者主権は幻想にすぎず、独占段階において独占による消費者操縦はますます強化されていく。このような文脈のなかで、消費者による生活協同組合はどのように位置づけられ、評価されているのだろうか。

資本主義のもとで「消費者が、自分で生産した生産物から疎外されていることによって消費者であるとすれば、彼はまた商業組織からも疎外されているはずである」。にもかかわらず、消費者が自ら商業組織の一部を形成することを実際上可能にするいくつかの事情がある。そのなかの１つ [22]。

本来小規模、多数、分散性をもつ小売経営は資本主義化のもっともおくれる部面のひとつである。実際資本主義のもとでの商業組織の末端には、商業資本家とはいえない多数の小商人が存在している。……小商人が資本主義のもとで存在をゆるされているのは、それが資本にとっての流通費用の節約に役立つからである。同じ理由から自ら流通労働の一部を引受ける消費者が商業組織の一端に位置を占めることは全く可能なことである。

生活協同組合運動は、過去においても現在においても、消費者運動として大きな役割を果しているが、次のような限界ももった [23]。

部分的には生産部面への進出がみられるとはいえ、基本的にはしょせん制限された消費者運動の範囲をでるものではない。それ故にこそそれはまた資本のために流通費用を肩代わりし、消費者にたいする一括支配を容易にするという思わざる結果を招くことにもなったのである。

生活協同組合の将来は、独占資本主義のもとで、困難なものとなる。「困難をうち破る殆ど唯一の途は、生活協同組合運動を労働（者）運動と結合し、さらに進んで自ら生産の分野に進出するか、生産者の協同組合と手を結ぶことであろう」[24]。

6 「豊かな社会」のなかでの消費の一面について

　森下氏による現代の消費および消費者についての理解は、一面において、たとえば、ガルブレイスのそれと共通する。すなわち、「豊かな社会」という現代社会をとらえる枠組については異なるが、生産による消費の支配ということにおいては、両者の差異を見つけることはほとんど困難であるといってもよいのではないだろうか。ガルブレイスが『豊かな社会』のなかで「依存効果」について述べている箇所をあげよう[25]。

　社会が裕福になるにつれて、欲望を満足させる過程が同時に欲望をつくり出していく程度が次第に大きくなる。これが受動的に行われることもある。すなわち、生産の増大に対応する消費の増大は、示唆や見栄を通じて欲望をつくり出すように作用する。あるいはまた、生産者が積極的に、宣伝や販売術によって欲望をつくり出そうとすることもある。このようにして欲望は生産に依存することになる。……全般的な生産水準が低い場合よりも高い場合の方が福祉はより大きい、という仮定はもはや妥当しない。どちらの場合でも同じなのかもしれない。高水準の生産は、欲望造出の水準が高く、欲望充足の程度が高いというだけのことである。

　「欲望は欲望を満足させる過程に依存する」ということを、「依存効果」とガルブレイスは呼んだのであるが、この過程のなかで生み出されてくる奇妙に逆説的な状況について、さらに次のように述べられる[26]。

　財貨に対する関心は消費者の自発的な必要から起こるのではなく、むしろ依存効果によって生産過程自体から生まれる。生産を増加させるためには欲望を有効にあやつらなければならない。さもなければ生産の増加は起こらないであろう。すべての財貨についてこういえるわけではないが、大部分の財貨についてそういえることで十分である。このことから考えると、

このような財貨に対する需要は、あやつらなければ存在しないのだから、それ自体の重要性または効用はゼロである。この生産を限界生産物と考えれば、現在の総生産の限界効用は、宣伝と販売術がなければ、ゼロである。生産こそをわれわれの社会の中心的な業績とみなす態度や価値観というものは、まさにひどくこじつけられた根の上に立っているといわなければならない。

　ガルブレイスのうえのような理論は、「生産者主権」の考え方だといわれる[27]。しかし、ガルブレイスの見ているように、生産による欲望＝消費の操縦のすすむなかで、むしろ逆説的に生産の社会的評価の低下があらわれてくる。このようにして、「生産者主権」の考え方が、「生産から消費への価値観の転換」の考え方とつながることになる。この点において、ガルブレイスはさきにみた山崎正和氏の考え方と接点を持つことになる。その接点とは何かといえば、現代社会を「豊かな社会」としてとらえる視角であるだろう。この点、森下二次也氏とは大きく異なる。森下氏の消費者＝労働者としての消費者問題のとらえ方のなかでは、消費者のぎりぎりの最低限の生活の側面しか見えてこないからである。

7　むすびにかえて

　以上を簡単にまとめておこう。近年、消費にかんしてさまざまの立場からの議論が展開されてきたが、そのなかでも早い時期に堤清二氏と山崎正和氏の問題提起があった。提起されたのは、生産から消費への重点の転嫁である。それは、豊かな社会的状況における消費および消費者の個性化・多様化をどう評価し、どうとらえるかということにかかわる提起であるといってもよかった。一方、消費にかかわる議論の展開されるなかで、マルクス経済学の商業経済論の態度はきわめて禁欲的なものにみえた。その禁欲的姿勢は何によるものかといえば、やはりマルクスにおける消費の取り扱いによるものであるといえよう。マルクスの『資本論』第1巻の「単純再生産」の箇所にお

ける消費の取り扱いは、その典型である。商業経済論を森下二次也氏に代表
させてみるとき、森下氏の理論は、きわめて忠実にマルクスの枠組のなかに
あるようである。そこでは、消費者＝労働者であり、この視点から消費者に
かかわる多くの問題が検討される。また、消費者主権は幻想でしかなく、生
産者の消費者に対する支配はますます強固なものとなっていくとされる。と
ころで、この「生産者主権」ということにおいて、商業経済論はガルブレイ
スの理論と共通性をもつが、他方、現代社会のとらえ方において、すなわち
「豊かな社会」のとらえ方において両者は異なる。「豊かな社会」状況のとら
え方の違いが、おそらく商業経済論の今日の消費論に対するかかわりかたの
禁欲性の１つの原因ともなっている。

　いままで述べてきたなかでは、堤清二氏の「本来個性的な生活過程である
べき消費」という問題提起に対しては、まったく何物も語ることができなか
った。今後の研究課題の１つとしたい。

　最後に、消費および消費者の個性化・多様化のなかで、それらをつかもう
とする努力を「消費の組織化」という表現で示している例をあげよう。野村
秀和氏は、生活協同組合の事業活動にかかわって次のように述べている[28]。

　　生協は、経済社会の中に、初めて、今まで資本による収奪対象でしかな
　かった消費を組織することによって、生産・流通を支配している独占資本
　に対しての本質的な対抗力を組織したことになる。
　　消費の組織化は、さしあたり独占支配の弱い業界分野において成果をあ
　げながら、地場産業、中小企業との協力関係を強めつつある。そして、そ
　こで得た経験は、今日、最高の独占形態をとる電力、石油などに対する民
　主的規制や価格要求などの消費者運動上の力を育てることに役立っている。
　生産・流通の独占に対する組織された消費の対抗力は、まだまだ部分的な
　ものではあるが、過半数の住民の組織化に成功していくならば、これのも
　つ将来の展望はきわめて大きいのである。

　一方、堤清二氏も、「消費の組織化」について、流通行政の近代化論的・

生産力論的限界を批判しながら、「消費者と流通産業をシステムとして結合するという発想」としてふれている[29]。

　さまざまの立場から「消費の組織化」が問題にされる状況に今日はあり、「多様化・個性化」のなかであるからこそ、そうなのである。この視点は、流通の変革にかかわる問題を提起する。

1）たとえば、『季刊消費と流通』37 号、1986 年夏、の「特別企画「分衆・大衆」論の評価と展望」を見よ。
2）森下二次也『現代の流通機構』世界思想社、1974 年、『現代商業経済論』有斐閣、初版 1960 年、改訂版 1977 年。本稿での引用は改訂版による。
3）堤清二『変革の透視図』初版、日本評論社、1979 年、233 〜 241 ページ。なお同書の改訂新版は、トレヴィル、1985 年。
4）同上書初版、231 ページ。
5）同上書改訂新版、206 〜 207 ページ。
6）同上書改訂新版、312 ページ。
7）山崎正和『柔らかい個人主義の誕生』中央公論社、1984 年、46 〜 49 ページ。なおこの著書は、消費論のうち「少衆化論」「分衆論」などの下敷きとなっていると評価されている（『季刊消費と流通』前掲書、26 ページ）。
8）堤清二、前掲書改訂新版、309 〜 310 ページ。
9）マルクス『資本論』第 1 巻 2 分冊、大月書店、742 〜 743 ページ。
10）同上書、744 ページ。
11）同上書、744 〜 746 ページ。
12）森下二次也『現代商業経済論』改訂版、252 〜 253 ページ。
13）同上書、255 ページ。
14）森下二次也『現代の流通機構』、iii ページ。
15）同上書、i 〜 ii ページ。
16）同上書、ii ページ。
17）同上書、187 〜 192 ページ。
18）同上書、193 〜 194 ページ。
19）同上書、203 〜 204 ページ。
20）森下二次也「現代経済におけるマーケティングの位置」『経済評論』1969 年 11 月、124 ページ。
21）森下二次也『現代の流通機構』、214 〜 215 ページ。
22）同上書、198 ページ。
23）同上書、201 ページ。
24）同上書、202 ページ。

25）ガルブレイス（鈴木哲太郎訳）『ゆたかな社会』第2版、岩波書店、1969年、151
　　〜152ページ。

26）同上書、153ページ。

27）西部邁氏は「生産者主権」について次のように述べている（『ＮＨＫ市民大学大衆
　　社会のゆくえ』日本放送出版協会、1986年、116ページ）。「消費者の欲望は生産者の
　　広告・宣伝に依存するかたちで形成される。ガルブレイスはこれを依存効果と名づけ
　　た。生産者主権の考え方は依存効果を極端に強調するところに生まれたといってよい。
　　なお、ヴェブレノは衒示的消費の概念によって、社会のなかで目立とうとする欲望が
　　消費者のなかにあることを指摘した。またデューゼンベリーは、誇示効果の概念に
　　よって、社会の流行に誇示されて消費者の欲望が形成されることを指摘した。もし衒
　　示的な流行が生産者によってつくりだされるものならば、生産者主権の考え方はその
　　ぶん強化されることになる」。欲望の形成にかんするこの生産者主権の考え方は消費
　　者主権（114ページに説明がある）の考え方と平行線をたどり対立しているが、西部
　　氏はこの2つの考え方がともに一面的であると批判している（116ページ）。

28）野村秀和・生田靖・川口清史編『転換期の生活協同組合』大月書店、1986年、5
　　ページ。

29）堤清二、前掲書初版、181〜182ページ。

6

いわゆる消費の個性化・多様化と消費の組織化

1　はじめに

　本稿は、近年の消費論のなかに含まれている１つの論点に関心を限定している。すなわち、それは、いわゆる消費の個性化・多様化と消費の組織化との関連の問題である。「関連」という表現はあいまいであるかもしれない。むしろ、消費の個性化・多様化のなかから消費の組織化が生まれて発展してくるというべきかもしれないし、また消費の個性化・多様化のなかで消費組織化の努力が展開されているというべきかもしれない。このように両者の「関連」については、いろいろな考え方が可能である。しかし、そのいろいろな考え方をあわせてみると、「関連の問題」がかなり広く認識され、しかも重要な問題であると位置づけられてきていることは間違いない。

　しかし、このような「関連」に必ずしも関心を持たない消費論も多くある。ここでは、小沢雅子氏と渥美俊一氏とについてふれておきたい。

　まず小沢氏は「階層消費」[1]の主唱者として著名であるが、1985 年以来の円高とそれによる不況の影響もふまえつつ、次のように述べている[2]。

　　豊かな時代の証拠のように言われている「消費の時代」や「女性の時代」は、むしろ「豊かさの後に来た不況」の結果と考えられます。そして、不況の原因でもあり結果でもあるのが、購買力の格差であり、そのために生ずる消費意欲と購買力の不一致です。

　　すでに見たように、土地の希少性から来る資産格差と、不況から来る所得格差から、購買力の格差は拡大しています。購買力の大きい消費者は、購買力が消費意欲を上回っていますので、余ったお金をマネー・ゲームに

つぎこんだりして、そこに消費とは別の新たな楽しみを見出しています。
　一方、購買力が小さい消費者は、欲求が購買力を超えていますので、欲求
の充足をあきらめざるを得ません。

　そして、貯蓄率の高さも、「購買力が欲求を超えていることの証拠にはな
りません」。「欲求は様々にあるのだけれど、それらの値段はあまりにも高く、
現在の購買力や将来予想される購買力があまりにも小さいので、あきらめざ
るを得ないのです。」となる。このように、購買力格差こそが、消費の個性
化・多様化を生み出しており、しかも購買力格差は拡大傾向にあるのだから、
そういう意味で個性化・多様化はすすむことになる。小沢氏の消費論はここ
までで終わっていて、さらに消費の組織化に進むことはない。
　次に渥美俊一氏について見よう[3]。渥美氏の現代の消費についての見解は、
図1に集中的に表現されている。そこに示されているのは、現代の消費をと
らえる際そのとらえ方の違いによって企業の努力の方向が大きく異なること
になり、その努力の違いが企業の経営内容を規定してくる、ということであ
る。しかも、「あるべきStory」と「ダメなStory」とに2分して、現代の消
費がとらえられている。現代社会を「成熟・飽食・豊かな社会」ととらえ、
そこでは需要が一巡しマスが否定される。そして消費の個性化・多様化が発
展することになるので、企業はそれに対応しなくてはならない、という見方
は、もちろん「ダメなStory」とされているわけである。渥美氏は、日本の
「豊かな社会」について次のように断定する。

　思えば現在を豊かで成熟していると考えるのは、豊かさを知らされてい
ない、無知によるひとりよがりである。それこそ、本当のみじめさではな
いだろうか。
　人々のくらしを真によくするためのわれわれの努力は、このわが国の消
費財提供システムの欠落部分を、国民大衆のニーズとして充足することで
ある。

図1　現状認識の違いが引き起こす努力方向の比較（昭和58年発表）
　　　（バイイング基礎・ビックストアづくり・チェーンストア経営原則セミナー
　　　などのテキストから）

A　ダメな Story〔穴・隙間探し〕◇あの手この手の〝しかけ〟で売ろう。

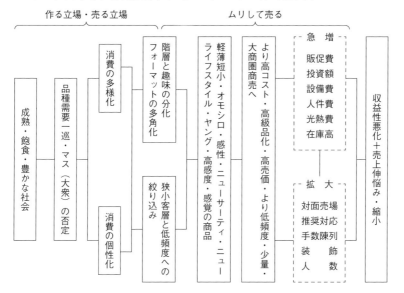

B　あるべき Story〔真空地帯（マーケット）への進出〕
◇商業の原点 Return to Basics→楽に・確実に・たくさんに

出所）渥美俊一『チェーンストア経営の目的と現状』実務教育出版、1986年、55ページ。

　このように、日本の「豊かな社会」を否定し、新しいマス商品づくりこそが課題であると主張されることになる（あるべき Story）。その際、そのことを課題として遂行すべき主体は、チェーンストア企業である。

　渥美氏の主張はチェーンストア企業のイントレストを代表するものとして行われており、したがって、現代の消費のとらえ方も、そのような主体的なレンズを透してのものである。主体的なレンズを透して見るということは、チェーンストア企業にとっての標的市場のみを見ているということになり、それは市場細分化の結果として決定されたものであるかもしれない。市場細分化により標的市場が決定され、その標的市場に対する最適の商品政策として「新しいマス商品づくり」が提起される。このようにして市場細分化の結果、マス市場、マス商品に到着する。あるいはむしろ、市場細分化というのではなく、現代の消費の1つの側面のみをすくい上げてマス市場、マス商品に到着している、と考えた方が良いのかもしれない。

　しかし結果的に見れば、渥美氏は、消費の個性化・多様化を否定し、マス市場のみを見るという立場を選び取っているわけであり、そこからは、消費の個性化・多様化と消費の組織化との関連という問題は、生まれてくるはずもないわけである。

　消費の個性化・多様化を捨象する見解、そして消費の個性化・多様化を購買力格差の拡大の側面から説明する見解、両者はまったく異なる見解であり、また異なる立脚点を持つものであるが、本稿における課題との関係でいえば、ともに共通の極に立つものと言えるだろう。

　消費の組織化について、筆者もかつて言及したことがある[4]。そこで、その例として、生協にふれた野村秀和氏と西武の堤清二氏を引用した。生協は、近年その発展が注目されているが、そもそも消費者の組織として生まれ発展してきたものであり、当然のように消費の組織化という課題にもつながっていくはずである。また堤清二氏は、消費の個性化・多様化と消費の組織化とをともに明確に意識している経営者である。

　渥美俊一氏の主催するペガサス・クラブは多くのチェーンストア企業を会員としているが、多くの大チェーンストア企業は結成時からその会員であっ

たし、今日でもそうである。もちろん、西友もそうであった（しかし今日では、積極的な参加者とはいえないようであるが）。また生協は、近年急速な発展をとげてきたなかで、共同購入に加えて店舗経営がもう1つの柱として重視されてきた。生協の店舗経営が発展する過程で、近年多くの主要な生協が、このペガサス・クラブに参加してきている。

このようにして渥美氏の理論は、現実のチェーンストア企業と接点を持ち、その経営にも一定の影響を与えていると思われるが、その理論はさきに見たような消費論を持っているのである。要するに、マス・マーチャンダイジングの枠組のなかでのみ、消費の特徴をとらえ、またそのかぎりで消費の組織化に対応しようとするものだと言えるだろう。しかし、そのとき、かなりの部分の参加者は、満たされないニーズを保持したままとり残されることになるのではないか。

以下、まず消費の個性化・多様化について概観し、さらに消費の組織化について見ていくことにしたい。

2 いわゆる消費の個性化・多様化

現代の消費の変化をとらえようとする際、そのキーワードとなるのが、消費の個性化・多様化である。現代日本において消費が変化してきているようだということは、われわれの共通の認識であると言えよう。消費の変化が具体的にどう展開しているか、またそれはどういう意味を持つものか、について一言で説明するのは困難であるし、また実際のところ良くわかっていないと言っても良いのかもしれない。その時、消費の個性化・多様化というキーワードが登場する。その登場によって、問題は一気に解決されるかのようである。しかし、その消費の個性化・多様化の中味が示されるのでなければ、何ら問題は解決されることにはならないわけである。

ここでは、消費の個性化・多様化について、まず政府レベルでの理解を瞥見してみよう。『消費構造変化の実態と今後の展開』[5]のなかでは、過去20年間にわたる家計消費の長期的変化の構造的・質的特徴が整理されている。

その内容は、

　(1) 消費内容の高度化の進展

　(2) 消費のサービス化の進展

　(3) 消費の個性化・多様化の進展

　(4) 消費の手段・方法の高度化・複雑化の進展

　(5) その他

から成る。まず（1）では次のように述べられている[6]。

　① 20年にわたる消費支出変化の基調的流れとして、所得水準の着実な上昇を背景に、全国全世帯、勤労者世帯そして農家世帯のいずれをみても、またどの角度からみても、すなわち収入階級別・年齢別・世帯別・都市規模別等でみても消費内容の高度化が進んだといえることである。端的にそれは、食糧費、被服費、住居費等の基礎的消費支出ないしは必需的消費支出のウエイト低下と、かつての雑費項目部分のウエイト拡大にあらわれている。さらにいえば随意的あるいは選択的支出がみられることでもある。しかもそれは50年代に入り、40年代の選択的支出を逆に必需化するほどの水準の高まりを伴いながら進行しているとみられよう。

　②そして、その中味を具体的にいえば食料費の中の外食、交通通信費（特に自動車関係）、教育娯楽費、教育費等の拡大となっていることが指摘されよう。

次に（2）では、次のようになる[7]。

　①……経済全体のサービス化のメカニズムの中で、家計消費におけるサービス化が進行している……。この進行は、所得水準上昇、余暇時間拡大等に伴う必然的現象とみられよう。そしてサービス価格の上昇率が高いことや必需品サービスの増大がみられること等のほか、女性の就業者増大も、最近のサービス化を加速する一因となっている……。

　②そして、これは最近における「モノ」離れ現象を一段とクローズアップ

させることになっている……。

　しかし、耐久消費財やその他の「モノ」が全く売れなくなっているとするのも誤りであろう。むしろ、これらについては、耐久消費財需要が買替需要を中心とした安定したものになってきていることや、「モノ」でも身の廻り品や室内装飾品など伸びるものもあることの考慮を要することと、他方「サービス」の中にも……伸び悩むものもあることが指摘されよう。

こうして、高度化、サービス化をふまえて、同時にそのことが「消費の画一化、量的豊富化から個性化、多様化、質的豊富化への進展であり、またその追求の強まりである」ことに言及されていく[8]。

　①すなわち高度成長期以来の生活水準全体の向上は、食生活においても単に空腹を満たし必要な栄養を補給するのみでなく、食事そのものを楽しむようになり、衣生活においても装うこと自体を楽しむことに、より重点が置かれるようになるという変化をもたらしている。こうした変化は消費内容に、より個人の好みを反映させるようになり、食生活や衣生活のあり方を多様なものとしてきている。また、耐久財についても普及率が上昇してくるに従って、単に保有することから個人のニーズや好みが重視されるようになっている。

　さらに続いて②では、この個性化・多様化の具体例が示され、③では消費生活の国際化の進展が、「消費者の購入選択対象を外国産のものに広げることによって量的・質的両面において拡大させ、消費の個性化、多様化の進展に寄与している」ことに言及されている。そして④では、より総括的に次のように述べられる[9]。

　消費の個性化・多様化の進展は、消費の画一化、量的豊富化の過程にみられたよりも、消費者の価値観、意識ないし心理的側面が消費を決定していく要因として、より重要になってきていることを示すものであろう。これ

は、第1次石油危機後、特に50年代に入ってからは、所得の伸びの鈍化
という消費の制約条件がみられる一方、ストックの拡大とほぼ欧米先進国
並となった全体としての生活水準の大幅上昇が、並存していることにもよ
るものとみられよう。すなわち所得制約下では画一的に量的拡大を求める
ことや無駄で品質の悪い商品・サービスの購入はやめる一方、生活の一層
の向上を求めて、上記のような多様で、個性的な消費の実践を求める動き
がでてきているとみられるからである。そしてこの両方の要請に応えるた
めには、消費者自身が自己の商品・サービス選択において、これまでより
も一層自己の真に欲するものを、自己内部にある意識、価値観や感性、そ
して、心理に照らして決定することが以前より、より重要になってきてい
るとみられるからである。

　消費の個性化・多様化は、以上みてきたように、政府レベルでとらえられ
ている。すなわち、高度成長により「豊かな社会」が出現したことを前提
において、そのうえに低成長経済化の消費者をめぐる諸条件が作用して、消費
の個性化・多様化が注目をあびるようになったとしているのである。「豊か
な社会」のなかで、消費者は発達する。発達した消費者が消費の制約条件に
直面したとき、彼は「これまでよりも一層自己の真に欲するものを、自己内
部にある意識、価値観や感性、そして、心理に照らして決定する」ようにな
ると考えられているのである。このような理解の背後には、現代の資本主義
社会における消費者の自立的な発達についての、きわめて楽観的な見通しが
ひそんでいる。はたして消費者の発達についてそのような楽観的な見通しを
持つことは、正当であるだろうか。たとえば現代日本における消費者問題の
一端を想起するならば、われわれは、そのように楽観的であるわけにはいか
ないだろう。しかし、一方で、現代の資本主義における消費者の発達の側面
を無視してならないことは言うまでもない。商品経済のますます発展してい
くなかで、消費者は陶冶され、消費者として発達していく。もちろん、その
発達は、商品経済の枠組のなかに限定される側面を強くもっているに違いな
い。にもかかわらず、その発達の側面のなかに、将来の展望を読み取る作業

が必要であると思われる。

　以上の消費の個性化・多様化に続いて、「家計の所得水準・資産規模の上昇・拡大、そして技術革新の進行を背景とした消費の高度化は、消費の手段や方法をも量的・質的に変化させている」ことについて言及されている[10]。まず①消費手段のキャッシュレス化の進展（支払手段が現金からカード等へ変化することなど）、②購入手段そのものが商品化され消費の対象となって拡大していること（お金そのものが取引対象商品となり、消費者信用の拡大がみられること）、そして③訪問販売、通信販売等の無店舗販売による消費の拡大がみられること、等である。無店舗販売については、当然生協の共同購入も想起されている必要がある。

　以上、多少のコメントを加えながら、政府レベルでの消費の個性化・多様化のとらえ方について、われわれは以上のなかでふれた留保点は感じつつ、消費の個性化・多様化のとらえ方としてスタンダードなものであるとみても良いかもしれない。すなわち、消費の個性化・多様化については、一般に上記のようなものとしてとらえられていることを認めても良いだろう。

　しかし、このような政府レベルでの消費の個性化・多様化のとらえ方は、最近多少変化しつつあるようである。たとえば『昭和 61 年版国民生活白書』のなかには、次のような箇所が含まれている[11]。すなわち、「多様化する消費者のニーズ」という項目では、

　　所得水準の上昇、耐久消費財の一巡、価値観の多様化等を背景として消費者のニーズは多様化している。先にみた消費の高級化の動向もその一形態として考えられるが、以下にみるようなしばしば対極的ともいえる生活ニーズが同時多発的に発生し、これが多様な消費活動を促していると思われる。その結果、供給サイドからは「消費者が見えなくなった」との声も聞かれるようになっている。

と前置きして、近年の消費者の志向あるいは流行、ブームの動向として、「機能・品質志向とデザイン志向」「手軽さ志向と手間志向」「活動志向との

106

んびり志向」「学習志向と遊び志向」について、ふれられている。その上で、わが国の多様化の特徴として、次のように要約している[12]。

消費者ニーズが多様化したといわれているが、ブーム、流行といったものは依然存在する。しかし、かつてのように一つの流行を大勢が一勢に追い、それ以外のものははやらないといった流行の仕方ではない。複数の、時として対極的な、流行が同時多発的に発生し、1人の人が複数の流行を、生活場面に応じて受け入れるという形で流行が起っている。先に消費の高級化を検討した際に、全体的に節約しながらもいくつかの品目については高級品を購入するという動きがあることを指摘したが、同様にして、普段手軽さを追求していても、休日などには何かに手間をかけてみるといった動きもみられる。

　これにより導かれる我が国の多様化は、個々人が主義、主張を持ち、それに沿った生活行動しかとらない、といった性格のものではなく、個々人がTPO[13]ならびに気分に応じて様々な流行に乗るといった性格のものと考えられる。したがって、個々人が独創性を発揮することは少なく、近年の消費の特徴としてよくいわれる個性化、差異化は、中には新たな流行の芽となることもあるが、多くはいくつかの流行や消費の重点化の単なる組合せか、あるいは一つの流行の中での微差にすぎないものであると思われる。

　このように、最近政府レベルでの消費の個性化・多様化のとらえ方においても、消費者の発達についての一定の限定がみられるようになってきたことは、注目すべきことであると思われる[14]。このことは、われわれの述べた留保点に重なりあう見方が、政府レベルでも生じてきたということを意味するのであろうか。

3　消費の個性化・多様化と流通企業の対応について

　現代の消費のなかで、消費の個性化・多様化が進展していくのであるなら
ば、それに対する対応が流通企業の側に必要となる。『80 年代の流通産業ビ
ジョン』は、この問題に正面から取り組もうとしたものである。その「消費
者ニーズの個性化・多様化」という節 15) は、
　　①消費構造の変化と消費者行動の二極分化
　　②創造的消費者あるいは生活者への変貌
　　③安定的な消費の拡大と潜在需要の掘り起こし
　　④小売業の業種別構造の変動
　　⑤小売業の業態間競争の新展開と消費者志向の強化
という項目から成っている。消費の個性化・多様化のとらえ方については、
すでに見たものと変わらないと言っても良いだろう。しかし、そこで消費者
の発達については、次のように積極的に表現されている 16)。

　　消費者は単に生産者から供給されるものを受動的に消費するのでなく、
　安全性や精神的・文化的価値をも重視しつつより主体性をもって自らの生
　活を豊かなものにしようとする「創造的消費者」あるいは「生活者」と呼
　ばれるべきものに変化していくと考えられる。消費者組織は、これまで、
　安全性のチェック、過剰包装問題への取組み、適切な品質表示の要求等を
　通じて消費者教育活動を活発に行ってきたが、特に生活協同組合等は組合
　員の生活防衛の視点に立って購買事業等の活動を展開してきた。今後とも
　このような役割は重要な意義を有すると考えられるが、購買事業について
　は、組合員の生活安定などの本来の目的に沿った運営がなされることが期
　待される。したがって、今後の消費者組織の活動は、上記のような創造的
　消費者への変化をも踏まえ、主体的な消費生活のあり方を提示していくこ
　とが一層重要となろう。

　このように消費者の創造的消費者あるいは生活者への発達を展望し、その発達にとっての消費者組織の持つ意義についても言及されているのである。すなわち、消費者組織には、消費者の「創造的消費者」への発達をふまえて、「主体的な消費生活のあり方」を提示することが期待されているのである。

　もちろん、このような消費者の発達に対応して行動するのは、消費者組織のみにとどまらない。流通企業も、消費者の発達に対応しつつ、展開することが義務づけられている。むしろ、消費者のこのような発達に適応することができなければ、流通企業の発展もありえないわけである。こうして、小売業の構造が変動し、小売業の内部では多様な競争が展開されていく。また、競争の展開されるなかで、「小売業はますます消費者志向性を高めていく必要がある。適切な品質表示等により消費者に十分な情報を提供しつつ安全な商品サービスを供給していくことはいかなる業態に対しても要請される基礎的な課題」[17] となる。こうして、消費者ニーズに対応した小売業態の多様な展開も必要となるだろう。そこで、取扱い商品の性格と商品構成における総合化の程度の２つの基準により業態を類型化して、次の４つが考えられている [18]。

　①生活必需品分野におけるニーズに総合的に対応する業態
　②生活必需品分野におけるニーズに部分的に対応する業態
　③趣味・余暇的分野におけるニーズに総合的に対応する業態
　④趣味・余暇的分野におけるニーズに部分的に対応する業態

　たとえば、①には、スーパーとスーパー系ディスカウントストアが対応する。また、近隣型商店街、小売市場、共同店舗等は、商業集積として同様の機能を果たそうとするものである [19]。②には、一般小売店、コンビニエンスストア、専門量販店系のディスカウントストアが属する [20]。③には、百貨店が対応している。さらに広域型商店街、ショッピングセンター、共同店舗等は、商業集積として同様の機能を果たそうとするものである。また、総合スーパーはこの類型に接近しつつある [21]。そして④には、専門店、ＤＩＹ・ホームセンター等が対応する。このような多様な業態において、消費者ニーズの多様化・個性化への対応がはかられているわけである。

　しかも、このような展開に際して、経済的効率性と社会的有効性の調和を
はかりながら展開していくことが、必要だとされている。たとえば、次のよ
うに言われている[22]。

　　消費者の多様なニーズにきめ細かく対応していくためには、流通産業は、
　高度情報技術の活用による販売情報管理、多頻度小規模物流、新業態の開
　発等、時代のニーズに対応した効率的な流通システムを確立する必要があ
　る。
　　しかしながら一方で、……流通産業を考える場合、「経済的効率性」ば
　かりでなく、「社会的有効性」、すなわち全体として一体感のある安定的な
　社会システムの維持、形成という点についても十分配慮する必要がある。

　このような「効率性」と「社会的有効性」は、消費の組織化に関連して言
うならば、個別の流通企業による消費の組織化と、社会的な流通システムに
よる消費の組織化に対応しているということも可能であろう。
　『80年代の流通産業ビジョン』はその他多くの論点を含んでいるが、ここ
ではこれ以上ふれない。しかし、この『ビジョン』に対する、いくつかの評
価については、ふれておく必要がある。保田芳昭氏と堤清二氏について見て
みよう。まず保田氏であるが、氏は『ビジョン』の主な特徴として、次の9
点を指摘している[23]。
①「消費者ニーズ」の変化を重視しているだけでなく、それを出発点とし
　　て流通のあり方を見直し、流通政策の基本方向をうちだしたこと
②そのために高度情報技術の活用を重視し、流通産業が情報化社会で「先
　　導的役割」を果たすことを強調したこと
③地域社会と流通産業の関連を重視していること
④都市政策と商業政策との連携化の強調
⑤流通産業の担い手たる経営者、従業者等の人材確保と関連して、初めて
　　労働条件の改善にふれていること
⑥貿易摩擦と関連して、外国製品の輸入促進等を強調し、情報交流、人的

交流、また外国の大型店との提携等も述べていること

⑦経済的効率性を強調してきた従来の流通近代化論を維持しつつ、「社会的有効性」の概念を導入し、それへの配慮と両者の調和に言及していること

⑧活力ある商業集積の形成を求め、そのため「大型店と中小小売店の共存共栄」が力説され、それには「自己革新の努力」「商人道」が求められるとすること

⑨大型店に対する調整措置等については、大店法改正を見送り、現行の調整措置等の「充実を図る」とするにとどまったこと

このように保田氏は『ビジョン』の特徴を整理してから、次にその問題点を次のように列挙している[24]。

①依然として独占本位の「流通近代化」論を保持していること

②今回「消費者利益」は削られ、「消費者ニーズ」が前面におどり出てきたこと[25]

③ビジョン作成の中心課題であった大店法改正問題を見送ったこと

④「共存共栄」論、これは一般的には実現不可能な、政府・独占のイデオロギーにすぎないこと

⑤「都市商業政策」の推進問題

⑥労働条件の改善が盛り込まれたことは評価できるが、「活力とゆとりのある職場環境の形成」のための具体的方法論が欠けていること

⑦消費者組織問題活動について言及されている点は評価できるが、流通政策の基本方向のなかでそのことに一言もふれられていないということ

⑧「情報化社会への積極的対応」に関して、最も危惧されるのは競争力の格差が決定的に拡大することであるが、この点についてビジョンが疑惑を生むような規定をしていること

このように保田氏による『ビジョン』批判は多くの論点にまたがっている。しかも、その多くは的を射た批判であると思われる。しかしながら、保田氏の批判のなかに、消費の個性化・多様化に対する十分な評価が無いということは、特徴的である。したがって、消費者組織の役割を十分に評価する保田

氏においてさえ、消費の組織化の意義が十分に考えられていると読みとることのできないのは、残念なことである。

　次に、堤清二氏を見よう。堤氏は『ビジョン』を評価して、次のように述べている[26]。

　　83年の暮れにまとまった80年代の流通産業ビジョンには、従来の政策にはみられない新しい視点が導入されている。

　　「生産の時代」を背景にして生まれた流通近代化政策を乗り越えようという姿勢が随所に現われている。情報化社会あるいは「文化の時代」の中での「商業の再発見」という経済社会での先導的役割が期待されている。わが国の都市には、日常的なコミュニティー機能を果たす公共的外部空間が極めて乏しい。そこで、コミュニティー機能をもった人間的な都市商業空間を取り戻すための「都市商業ルネッサンス」という斬新な政策を打ち出した点は注目される。

　　80年代における重要な潮流に「情報化」の進展がある。このビジョンの中では、POSシステム、取引情報のオンライン化、顧客情報のコンピュータ処理等の流通情報革新の必要性、ニューメディアによるホームショッピングの可能性などについてふれているが、流通産業の情報化問題については本格的な言及にまでは至っていない。……

　　80年代の流通産業ビジョンをみる最も重要な点は、流通政策の目標がこれまでのような「経済的効率性」の追求ばかりでなく、「社会的有効性」という新しい価値尺度を導入したことである。……経済的効率性と社会的有効性の調和のとれた発展の道を明らかにしたことは評価できる。流通産業に求められる「社会的有効性」には美しい街並みづくりへの責任も含まれる。……従来からの流通近代化政策を超えようという姿勢が現われており、政策の一歩前進とみることができる。

　このように、堤氏は若干の留保をつけながらも、高く『ビジョン』を評価している。保田氏と堤氏との、『ビジョン』評価におけるトーンの違いは何

によって生ずるのであろうか。この問に対しては、さしあたり、両氏の消費
の個性化・多様化に対する評価にも１つの原因があるかもしれないと言うに
とどめておこう。

4　消費の組織化（その1）

　さて、つぎに消費の組織化について述べなくてはならない。そこでまず、
流通企業の側から消費の組織化を述べている１つの例を取り上げてみよう。
堤清二氏の場合である。

　堤氏は、消費市場を規定するものの１つに「わが国の第２次大戦後におけ
る社会状況の変化と経済至上主義」をあげ、その問題を論じるなかで、「い
ままで述べてきたような、社会状況と現象面でのめざましい変化と多様性と
をつらぬいて、日本社会には本質的な停滞がみられる……。大衆社会論者の
多くは、現象の多様性と変化のめまぐるしさにはふれるものの、その底に第
２次大戦後一貫して本質的な停滞がみられる、ということについてはふれる
ことが少ない。……めまぐるしい現象的な変化と多様性をつらぬいて流れて
いた、今日的な意味でのアジア的停滞性とでも言うべきものが、ようやく根
本的な、大きな矛盾に遭遇している」[27]と述べている。この「アジア的停
滞性」とは何か、堤氏はそのことに明確にこたえてはいない。そこで想像す
るに、それは「個人が確立していない」ということ、したがって日本人の本
格的な「個性」が確立していないことを意味しているのではなかろうか。し
かも今日そのような特徴に変化が生じるかもしれないという期待を堤氏は述
べているのである。

　この箇所に続いて、堤氏は「わが国大衆消費市場の基本性格」として、次
の諸点をあげている[28]。

　①わが国の大衆消費市場は、第１次消費革命以後、つねに大衆化と個別化
　という正反対の２つの力にひっぱられるという体質をもつようになった。
　しかし、流通小売業は、この二極分化の方向が消費市場に作用しながらも、

大衆化の部分を大規模な組織化された流通企業が分担し、個別化の部分を専門店ないしは中小企業の老舗が分担するというように、マーケット別に機能を分けた形では形成されてこなかった。

②教育が普及している、単一民族である、同質的文化の国であるといったことから、消費市場の「均質性」という性格がみられる。

　しかし、我が国に多様性がないのではない。欧米における多様性が、民族的な、あるいは文化的な伝統の多様性に起源をもつのに対し、わが国における多様性は、世代間における消費意識の違いや、都市計画の不在、社会投資の不十分さなどからくる局地的生活条件の差異などにもとづくニーズの相違となってあらわれている。と同時に、歴史の重層性からもたらされる消費生活の多様性もわが国独特のものである。

③現象的にみた富裕な大衆の存在から、高級な生活の大衆化が流通産業の役割であるという考え方が生じた。この場合、高級な生活とはしばしば欧米的生活を意味した。しかも、まったく物質的な意味だけの。

　このようななかから、あらゆる精神的・感覚的・文化的な生産物がたやすく風化していく社会環境がうまれた。そして文化的堕落が、日本経済の高度成長に非常に役立った。文化的産業といわれる分野での生産物の質の低下と、「文化的」ではない分野での品質レベルの向上という、いわば矛盾した現象こそ、日本のマス・マーケットの現状である。

　このような分析視点を欠落させていることが、例えば流通企業が、流通支配権の奪取などといいながら、実際には実現できないでいる大きな理由となっている。

このように堤氏は、わが国大衆消費市場の特徴をとらえているわけだが、このような特徴をもつ市場に対応するために、次のようなマーケティング論を提起している[29]。

①市場の側からの産業構造変化を考える場合には、マーケティング論を逆手にとって、産業構造の変革を迫る必要がでてくる。

　なぜ、消費者は自分が本当に欲しているものを認知できないのだろうか。
寡占メーカーが大衆市場を意図的に操作している、ということだけにその
原因を求めるのは一方的に過ぎるだろう。産業構造を現代的につくりかえ
ていく場合には、自立した賢い消費者が形成されることが必要であり、ま
た自立した賢い消費者は、産業構造が現代的につくりかえられていくなか
で形成されていくものである。

　新しい産業構造の形成とは、資本制生産様式に内在する市場と生産の乖
離を、人間的な市場の側にたって調整する機能をもった産業構造づくりで
あるといえよう。その際に、流通部門が調整機能を発揮しうるかどうかと
いうことが非常に重要になる。

②マーケットの多様性は、第1に欲求の多様性からもたらされる。さらに
第2に、管理され規格化されることへの批判が、市場のなかに非常に強く
生まれてくる。

　ここに、流通革命論の致命的な欠点が浮上する。すなわち、市場の多様
性を労働の多様性へと組織していくという役割を発揮しようとしないで、
工場制生産様式を適用させようとした点である。

　その点、流通業とくに商業は、機械化されにくいことがいままでは欠点
とされてきた。しかしその欠点をバネにして産業構造を変革していく力に
していかねばならない。

　さて、このような堤氏の主張は、流通企業の側から見るならば、消費者を
組織することによって、あるいは消費の組織化をすすめることによって、よ
うやく現実的意味をもつものとなると思われる。堤氏のいう流通産業の本質
＝「資本の理論と人間の論理の境界に位置する、本質的にマージナルな産
業」という規定は、このことを示していると見ることも可能である。現実に
わが国の代表的な大規模小売業は、あるいは「人間産業」あるいは「生活産
業」として、消費の組織化に積極的にのりだしている。また多業態企業
化[30]、あるいはさらに複合小売業[31] という経営展開も、消費の個性化・多
様化のなかで消費に対してできるだけトータルに対応し、消費の組織化をす

すめようとしていることの現われと見ることも可能であろう。

5　消費の組織化（その2）

『昭和61年版国民生活白書』の行政編のなかに、「消費者の組織化の推進」という項目がある[32]。そのなかで取り上げられているのは、①消費者団体基本調査、②生活学校運動（（財）あしたの日本を創る境界が推進している運動の1つで、全国の2,104（昭和60年10月1日現在）の生活学校を通して日常生活上の諸問題に実践的に取り組むとともに、「資源とエネルギーを大切にする国民運動」を広範に展開していこうとするもので、総理府は、この運動の発展を図るために引き続き助成している）、③消費生活協同組合（1,318組合、60年3月末現在）、④（財）日本消費者協会の、商品テスト、苦情処理、消費生活コンサルタントの養成等の事業、である。このわずかに取り上げられている諸項目のなかには、はたしてそれが「消費者の組織化の推進」と呼んで良いのかどうか疑わしいものも含まれている。したがって、なかでも生協が中心的なものとして自然に目につくことになる。

そこで、生協における消費の組織化について、野村秀和氏の述べていることを紹介する[33]。

①生協は消費者運動の一翼を担う組織であるが、直接、生活必需品の供給という事業活動によって、消費を組織するところに他団体と区別される特徴がある。
②さしあたり、暮らしの中でも、健康を守るということから、食品、なかでも生鮮食品の供給が生協事業の中心となっている。そして主婦を組合員として組織することによって、地域生協は、消費の組織化への成功の手がかりをもつことになった。
③地域の中での消費の組織化は、さしあたり生鮮食品を出発点としながら、それぞれの生協の力量——組織力量と事業力量——に応じて、生活必需品全体へと拡大されていく。そしてさらに、嗜好品、レジャー、サービス分

野にまでも拡がりつつある。

④事業内容の拡大と変化は、組織された消費者である組合員の消費支出を
ますます生協へと傾斜させるだけでなく、新しい組合員を迎え入れる条件
を拡大することにもつながる。

⑤こうして、消費の組織化が地域社会の中で拡がっていくと、それは真の
意味で生産や流通の独占に対する対抗力を生み出すことになる。

⑥消費の組織化は、組織率とともに1人当り利用高の伸び、事業活動の拡
大と深化といった総合的判断の中で吟味されなければならない。こうした
総合的判断の中で得られた消費の組織化の発展は、必ず組合員相互の間の
協力共同による生活改善運動の拡がりを伴うものであり、地域の地場産業
と消費者の連帯の強化、独占の支配に対する民主的規制の運動の前進がみ
られるはずのものである。

このように生協による消費の組織化は、独占の支配に結果として対抗する
ものと考えられている。それならば、小売業としての大規模小売業と生協と
が、経営の中味においていかなる本質的差異をもつものか、またたとえばそ
の商品政策にも特徴をもつといわれる生協が、実際のところいかなる商品政
策を展開しているか、等についても検討する必要があるが、他の機会に譲り
たい[34]。

6　消費の組織化（その3）

以上きわめて不十分であるが消費の組織化についてふれてきた。ここでは、
より広く、消費の組織化にかかわる論点についてふれてみよう。

たとえば、井関利明氏は、大衆論・少衆論の止揚をはかった論文のなかで、
「生活再編成」を進める営みが今後さまざまな形ですすめられていくに違い
ないとして、その営みを次のように分類している[35]。

①生活基盤の質的向上

　(i)安心・安全の追求と「省」志向

　　（ii)生活ベーシックスの確立

　②新しい生活演出

　　（i)自己演出

　　（ii)生活場面志向

　このうち①は、日常生活のグレードアップを意味し、②は、より積極的に、新しい生きがい、新しい経験を求めて行われる次元で、自己表現、非日常性の追求、ふれ合いとコミュニケーションなどの動機づけが働く場である、とされている。なお①は生活の必要条件であり、②は生活の十分条件である。

　この４つの「生活再編成」の方向は、消費の個性化・多様化に対応するものと見ることも可能であるし、また、たとえば生協による消費の組織化の内容をストレートに反映したような内容ともなっている。この「生活再編成」の考え方は、消費の個性化・多様化と消費の組織化の関連に留意しながら、構想されたのではないかと思われる。また、この井関氏の整理の仕方に大きく影響を与えたと思われる『柔らかい個人主義の誕生』の山崎正和氏が、多様化社会の統合の原理について対談[36)] している様子を見ても、消費の個性化・多様化から消費の組織化へとつき進む論理を明らかにすることが、われわれの課題の１つとして意識されざるをえない。

　1) 小沢雅子『新「階層消費」の時代』日本経済新聞社、1985 年。
　2) 小沢雅子「「豊かさ祭り」のあと——あきらめの経済学か、努力の経済か」『中央公論』1986 年 11 月、69 〜 70 ページ。
　3) 渥美俊一『チェーンストア経営の目的と現状』実務教育出版、1986 年、53 〜 57 ページ。
　4) 拙稿「商業経済論における消費および消費者の取り扱いをめぐって」『立命館経済学』第 25 巻第 3 号、1986 年 9 月、21 〜 22 ページ。
　5) 経済企画庁国民生活局編『消費構造変化の実態と今後の展望——「大衆消費」から「消費ルネッサンス」へ』大蔵省印刷局、1984 年。
　6) 同上書、66 ページ。
　7) 同上書、70 ページ。
　8) 同上書、71 ページ。
　9) 同上書、73 〜 74 ページ。
　10) 同上書、74 〜 75 ページ。

11）経済企画庁編『昭和 61 年版国民生活白書』大蔵省印刷局、1986 年、77 ～ 78 ペー
ジ。

12）同上書、89 ～ 90 ページ。

13）Time, Place, Occasion の頭文字をとったもの。一般に、時と所と場所に応じた服装、
方法、態度などのことをいう。同上書、90 ページ。

14）『経済セミナー』1985 年 11 月、「特集「消費」の経済学」参照。

15）通商産業省産業政策局中小企業庁編『80 年代の流通産業ビジョン』通商産業調査会、
1984 年、4 ～ 8 ページ。

16）同上書、5 ページ。

17）同上書、8 ページ。

18）同上書、51 ページ。

19）同上書、52 ページ。

20）同上書、56 ページ。

21）同上書、59 ページ。

22）同上書、19 ページ。

23）安田芳昭「流通政策の展開と 80 年代流通ビジョン」『彦根論叢』228・229、1984 年
11 月、153 ～ 154 ページ。

24）同上書、155 ～ 158 ページ。

25）この点につき保田氏はさらに次のように述べている。「ビジョンは、勤労的消費者
の賃金抑制への不満、税金と公共料金の上昇や不当表示の横行・サラ金被害・食品添
加物規制緩和・訪問販売・通信販売等々による消費者の様ざまな被害に全く思い及ば
ず、表面上の消費者ニーズの多様化・個性化にもっぱら目を奪われて、販売にそれを
どう結びつけるかという「売手の論理」に立脚している」（同上論文、156 ページ）。

26）堤清二『変革の透視図』改訂新版、トレヴィル、1985 年、155 ページ。

27）同上書、193 ページ。

28）同上書、199 ～ 206 ページ。

29）同上書、275 ページ。

30）中野安「80 年代巨大小売企業の歴史的位置」、近藤文男・中野安編『流通構造と
マーケティング・チャンネル』ミネルヴァ書房、1985 年、106 ページ。

31）田村正紀「成長する複合小売業」、『日本経済新聞』1986 年 11 月 1 日。

32）『昭和 61 年版国民経済白書』、243 ～ 244 ページ。

33）野村秀和・生田靖・川口清史編『転換期の生活協同組合』大月書店、1986 年、4
ページ。

34）田井修司「「民間活力」の活用と「暮らしの協同」——事業経営の視点を中心に」、
（角谷登志雄・堤矩之・山下高之編『現代日本の企業・経営』有斐閣、1986 年、所収）、
田井修司「地域生協の課題」などを参照。

35）井関利明「消費論の新しい展開を——少衆論・大衆論を超えて」『季刊消費と流通』
37 号、1986 年度、54 ～ 55 ページ。

36）ハーバート・パッシン、山崎正和「多様化社会をどう統合するか——日本とアメリ
　　カの戦後と脱戦後」『季刊アスティオン』2 号、1986 年秋。

7
小売業態論の意義について

はじめに

　低成長経済に移行し、1980年代に入ろうとする時期から、小売業態にかかわる議論が広く行われるようになった。そして今日に至っているといってもよいだろう。その背景には、戦後日本の小売商業の、スーパー・チェーンを主導者とするきわめて急速な発展が、環境変化のなかで、ある限界にぶつかったという共通の認識があったと思われる。

　一方、スーパー・チェーンの発展を理論的に支える役割を果たしてきたチェーンストア論を中心におく流通革命論は、激しい批判にさらされることになった。しかしながら、その批判にもかかわらず、チェーンストア論の代表者の1人である渥美俊一氏の主催するペガサスクラブは、いまなお多くのチェーンストア企業にとって、また生活協同組合にとっても、意義をもち続けているように見える。

　そのことに対する疑問を、小売業態論という視角から検討することによって、一定解明することができるのではないかと考えて本稿に取りかかったのであるが、現状では、覚え書き的整理を行うことしかできなかった。

　本稿は、次のように展開する。まず、1980年代における業態論の流行とその2例をとりあげる。それにより問題とされる状況が一定示されているので、次に業態とは何かということについて、様々な考えのあることを示す。しかし、業態論の課題とするものは、業態多様化であり新業態開発であるということは共通の認識となっているといってもよいようなのでその代表的な例を見る。しかし、一方、多様化論から遠いと考えられる業態論として、渥美氏のものをとりあげる。最後に、まとめとして、いろいろ業態論はあるが、

その意義は何かということについてわずかながら言及する。

1. 1980年代における業態論の流行

1980年代の初めから今日に至るまで、小売業態についての議論が盛んに行われてきた。それは、スーパーから始まり、百貨店、専門店、そして最近では、中小商店に至り、またメーカーのチャンネル政策にかかわるものにまで及んでいる[1]。

低成長経済移行後の環境変化のなかで、1970年代後半には、たとえばコンビニエンスストアやファーストフードに代表されるような新業態が次々に生まれ発展してきたことは、業態論の流行の直接的な背景であった。既存の業態にかわって、どのような業態が発展可能性を持つのだろうか、そのような新業態開発はどのように行えばよいのだろうか、というような問いは、環境変化に直面する小売業関係者に共通のものである。全体としての経済の変化に加えて、消費の変化、情報化の進展、国際化など1980年代における環境変化は、それに対応しようとする企業の多くの努力を生み、そしてまた業態論の流行を生んだと言ってもよいだろう。

このような議論は、まず、スーパーにかかわるところから盛んになったと見てもよいだろう。そこで、1980年の冒頭における代表的な議論を見てみよう。流通産業研究所の主催によるシンポジウム「流通変革をどうすすめるか」のなかでの、矢作敏行氏の所説である[2]。矢作氏は、まず業態が論議される背景として、一元的な流通革新の終焉という視点から論じている。業態論はこの時期に初めて登場したのではなく、ダイエーの場合すでに昭和40年代初めに「3正面作戦」すなわち百貨店、ディスカウントストア、スーパーマーケットの3業態を目ざすということが言われていたが、このことは、この時期に言われていた総合スーパーの「業態明確化」とほぼ同じ内容を持っていた。それではなぜ10数年後、業態問題が重要な経営戦略問題として再登場したのか。

基本的には小売市場と消費市場とがかなり成熟化してきたという背景が考えられると思います。過去の小売業態の変化は、ある意味ではきわめて一元的な論理に従って発展してきたといえる。例えばセルフサービス革命が昭和30年代の初めに起こり、それ以降の流通革命の中心をなしてきた総合スーパーが、このセルフサービス販売という技術革新をきわめて広範囲の商品に適合させて成長してきた。ある意味では、無原則ともいえる形で、総合スーパーは取扱商品の幅と店舗規模の拡大化を進めてきたわけです。

　しかし、このような一元的な論理が1970年代の後半頃から通用しなくなってきたとみていいのではないでしょうか。現在総合スーパーの既存店は3店舗のうち1店が前年売上げを下回るという不振に悩んでいる。さらに昭和53年、54年の売上げ実績をみると、停滞といわれる百貨店の売上げ伸び率よりも低い（既存店ベース）という状況にあります。

　このような状況のなかで、じつは小売業態の多様な軸が設定できる段階がやってきたと思います。すなわち店舗と販売形態の変化を促す要因が増えたということです。……コンビニエンスストアやボックスストアのねらいは、1つには消費者の「補充買いニーズ」を満たすことにあるわけで、このようなある種の限定されたニーズを満たそうとする小売業態が登場したのは、まさに小売業の一定の発展段階を経てから生まれてきた変化であると位置づけることができると思います。

このように一元的な流通革新がある発達段階に到達したことの結果として、新業態が生まれたとされたのだが、それでは、その新業態とは、あるいはその小売形態の変化とは、どういう性格のものなのか。

私は小売形態の変化を大きく2つに分けて考えています。過去における日本の流通革新は経営組織の面での革新という性格が強かったと思います。つまり、チェーンストア理論に基づいてのセルフサービス方式の大型店が「何となく」成長してきたという意味での変化でした。そのなかで取り残されてきたのは、経営組織の革新ではなく、店舗における販売上の革新、

124

つまりオペレーション上の革新が取り残されてきたのです。もっともこの店舗販売上の革新は、先ほどふれたように、マーケットの成熟化という状況の出現を待たなければならなかったという問題があるわけです。店舗販売上の革新、つまり業態革新が今日大きな話題になってきたというのは、その意味では歴史的必然性をもっているといってもいいと思います。

矢作氏は、このように、小売形態の変化を「経営組織の面での革新」と「店舗販売上の革新＝業態革新」とに２分し、さらに後者には、「大きな変化」と「小さな変化」の２つがあるとしている。そしてこの２つの変化を、生物学でいう「大進化」と「小進化」になぞらえている。

アメリカの近代商業100年の歴史をふり返って小売業態の変化といった場合に、ほとんどの場合は大進化のことを指しています。食料品店がスーパーマーケットにとって代わられ、このスーパーマーケットが1970年代に入ってからスーパーストアへと変化している。1950年代に出現したディスカウントストアが、伝統的百貨店やバラエティストアにとって代わった。日本の小売業態を考えた場合に、それまでのものにとって代わるという意味での大きな変化はまだ起こっていないような気がします。現在起こっている小さな変化が、果たして大進化に結びつくかどうかが、これからの流通論を語るうえでの１つのポイントだと思います。

それでは、百貨店、総合スーパー、スーパーマーケットなどの既存の小売業態にとってかわりうる業態はいったい何かという問いに対しては、矢作氏は、次のように答える。

１つの方向は、売れるものをより多く売っていくという方向で出発し、それが自然に大進化に発展していくという方向です。

その方向の例として、アメリカの百貨店の変化の方向があげられている。

日本の小売業の考え方との違いについてもふれながら。

　ダウンタウンの百貨店が、より多くの人々により多くの商品を売っていく
ことが出来なくなって、今日のようなセグメンテーションの明確な百貨店
に変わってきたのです。アメリカ百貨店の変化は、市場メカニズムに沿っ
てごく自然に、より多く売れるものを売っていこうとする姿勢のなかから
生まれてきているのです。日本の小売業のように、アメリカで流行してい
る業態だからそれを導入して業態革新のインパクトにしようというような
考え方とはかなり違うと思います。

　また、総合スーパーの業態明確化路線の1つとしてしばしば議論されてい
たディスカウントストア化の方向について、「大きな進化にまで育つとは思
えない」と述べたうえで、明確化論について次のように批判している。

　私自身は、コンセプトというのは相対的概念にすぎないと考えています。
コンサルタントの方々が、1つの完璧なモデルをつくり、そのモデルに
沿って運営すればマスメリットが発揮できるといったステレオタイプの
チェーンストア理論をふり回すのですが、コンセプトというのは、時間的
にみるときわめて相対的な概念だと思う。……いろいろな小売業態が存在
するわけですが、それでも、1つの業態のなかで展開されている小売業の
実態はかなりバラエティに富んでいるのが当り前です。したがって単純に
コンセプトというが、たえず見直しが必要なわけです。……
　したがって、コンセプトといった場合には、ダイエーはダイエーのコン
セプトを、西友ストアーは西友ストアーのコンセプトをもつことが大切な
わけです。しかもそれらが、時間的にも空間的にも相対化されていること
が、消費者ニーズに対応していく出発点ではないかと思います。

　最後に、小売業務の革新について、販売と費用との関係について、コメン
トされている。

マクネアー教授の「小売りの輪の理論」によると、小売業における革新者
はつねに低コスト、低サービスという形態のなかから誕生してくるという
ことになるわけですが、コストの面だけではなく、販売とコストの両面か
ら小売業態の革新をみていく必要があると思うのです。……

　日本の流通理論も、「コスト主義」の立場を強調するものと、逆に「販
売重視主義」をとるものとの２つに分かれるのですが、両面からみながら
販売効率を考えることが重要だと思います。……

　新しい小売業態の開発を考える場合も、新しい売上げ効率をあげうる品
揃え機能を中心にした小売りミックスという視点から考えることが大切で
す。……

　百貨店であれ、総合スーパーであれ、たんなるサービス主義、コスト削
減主義ではなく、販売効率と生産性とのかね合いでたえず経営を見直して
いく必要があるように思います。

　以上において詳細に紹介してきた矢作氏の主張は、多くの論点を含み、ま
た業態論にかかわる一通りの問題についての答えともなっている。主として
総合スーパーにおける業態論議を素材としながら行われたその主張は、きわ
めて明解なものである。

　業態についての議論は、そして新業態開発についての議論は、小売商業の
側からのものに限定されるわけではない。この間に、多くの産業のメーカー
のチャンネル政策の視点からも、業態論が議論されてきている。ここでは、
化粧品業界における資生堂の例についてみよう。資生堂がそのチェーンスト
アの「新業態開発計画」を発表したのは、1985 年の４月であり、1986 年に
は「第２次業態開発計画」が提案された。そして今年（1987 年）２月には
マーケティング部の名称を廃止して新たに「業態開発部」に変更したと言わ
れる。資生堂は、系列チェーン組織を最初に構築したということにおいて、
わが国のマーケティングの歴史のなかで独特の位置を持つ企業であるが、そ
のことにより化粧品業界のなかでつねに主導的な位置を保ってきた。新業態

開発計画提案の背景としては、次のようなことが考えられている³⁾。

　高度成長時代は、マスを対象としたシーズンプロモーションに大半の消
費者は乗った。小売店を組織化して全国どこでも同じような店構え、品揃
えの店舗網で大量販売するというチェインストア政策は、それに最も相応
しい販売手法であったといっていい。ところが近年、消費者の個性化が進
むにつれてマスマーケティングの効果が薄れてきたことは誰もが認めると
ころである。すなわち、マスを対象とする画一的な販売システムでは、満
足しない消費者が増えてきたわけである。こうしたところから、ここ数年、
化粧品店への来店客数が目に見えて減り、業績の低迷に悩むチェインスト
アが増え、その結果、資生堂の売上げにも影響するようになってきた。

ここに言われるような、消費の変化に既存の業態が対応しきれなくなった
という認識は、小売業全体に共通するものである。むしろ、資生堂が1985
年に至って、新業態開発計画を提案するということは、他の業界と比較する
とき、遅すぎるとさえ見えるかもしれない。おそらく、化粧品業界が、他の
業界と比べてもより徹底的に流通系列化の進展した分野であるということは、
その「遅れ」を説明するものであるだろう。ともかく、資生堂は業界に先駆
けて、この問題にとり組んだと言われている。
　この「新業態開発計画」は、資生堂のマーケティング戦略の全体的な転換
のなかで、その到達物として示されたものである。すでに1982年以来、タ
イプ別マーケティング、ステージ別マーケティングという政策が出されてい
た。そのねらいは、

　いずれも対象とする顧客を明確にして、小売店の集客力、経営効率を高め
ることであった。「売れようが売れまいがひととおり商品を揃える」とい
う従来の考え方では"個"に変化した消費者に対応できず、ムダな在庫を
増やすばかりである。そこで、市場やチェインストアを細分化することに
よって各店の売れ筋に即した品揃えをし、効率を高めようとしたわけであ

る。これは、戦後一貫して推進された大量一律販売の大変革であり、それ
だけにチェインストア側の動揺も大きかった。とはいえ、ステージ別、タ
イプ別の提唱がチェインストアの発想の転換を促したのも確かである。

このような政策のうえに、「新業態」が提案されたのだが、そこでは、
オールラウンド型の、現行の「チェインストア」に加えて、「コスメティッ
クハウス」「ユアシセイドウ」「家庭百科」「Ｙ＆Ｙ」「フィットクロス」の５
業態が「新業態」として登場したのである。これらは次のような特徴を持っ
ている。

新業態はいずれも対象とする客層、店としてのコンセプトが明確に定めら
れている。……そこに求められているのは単に化粧品だけというものでは
なく、情報や生活場面を売る、マスではなくその顧客個人のニーズを汲み
取るという姿勢である。
　いま、化粧品店に一番必要なのは、いかに集客力を高めるかの努力であ
る。業績の低迷に苦慮する店が増えている最大の原因は、消費者の"化粧
品店離れ"にあるからだ。化粧品店の伸び悩みを打開するには、とにかく
客を呼べる店づくりに取り組まねばならない。業態開発計画の狙いはここ
にある。化粧品という枠を飛び越えて、雑貨や衣料を導入するなど思い
切った品揃えを提案しているのも、「まずお客に来てもらうことが先決」
との考えからである。

ここに紹介してきた化粧品店の「新業態開発」は、メーカー主導のもので
あり、メーカーのチャネル政策の見なおしが系列店の「業態」に及ぶもので
ある。この点、さきに見た総合スーパーなどの場合における新業態開発とは
異なる。総合スーパーなどの発展は、一面ではメーカーの系列店の利害とも
対立する側面も持つからである。しかし、ある一元的な発展の結果、それだ
けではすまなくなり、多様化を追求していかなくてはならなくなるというパ
ターンは、共通するものである。

　以上、主として総合スーパーにかかわる場合と資生堂の場合との2つの業態にかかわる議論、あるいは新業態開発にかかわる議論を紹介してきた。このような議論が、小売業の、そして消費財メーカーの多くの分野で、繰り広げられてきたのが、1980年代の状況であった。さらに今日80年代も終わりが近づこうとするなかで、1990年代の業態を予想する議論も行われつつある。業態論にとって、業態の栄枯盛衰を問題とし、将来へ向けての新業態を予想・開発し、その可能性を論じるということは、不変の課題であるように見える。

2.　小売業態とは何か

　すでに小売業態あるいは業態という概念を多用してきたが、それでは、小売業態とは何かという問について、必ずしも共通の答があるわけではない。論者により、「業態」のとらえ方は異なっている。ここでは、いくつかの代表的な見解について見てみよう。まず、公正取引委員会事務局によるものからみよう[4]。昭和56年7月の「小売業における合併等の審査に対する考え方」のなかでは、「業態」とは「事業態様」の略であるとされ、さらに次のように述べられている。

　　小売業の業態は、店舗の態様、取扱商品の種類、販売政策、一般消費者の購買意識等の差異により、類型的には、百貨店、量販店及び一般小売店の3つに大別することができる。
　　このうち、一般小売店については、その事業規模も小さく、取扱商品の種類も限られることが多いが、百貨店及び量販店のいわゆる大規模小売店は、一般に大規模な店舗において多種多様な商品を総合的に取り扱うためその商圏が広く、また、いわゆるワン・ストップ・ショッピングの機能を果たし、その提供するサービスが一般小売店とは異なった独自性を有しており、また、大規模小売店のなかでも、百貨店は、対面販売方式によるとともに、高級品を中心にブランドを豊富に品揃えし、消費者の選択の幅を

拡げることにより、顧客を吸引しているのに対し、量販店は、セルフサービス方式によるとともに、実用品を中心に品揃えし、ブランドの豊富さよりも価格の低廉さにより顧客を吸引しており、このため消費者にとって、それらの選択の際の購買動機が異なる等それぞれにかなりの独自性を有している。

このように、公正取引委員会事務局は、業態を、百貨店、量販店、一般小売店の３つに類型化し、それらは、⑴店舗の態様、⑵取扱商品の種類、⑶販売政策、⑷一般消費者の購買意識、等の差異によって規定されるとしているのである。このようなとらえ方は、業態を規定する要因についてきわめて包括的なものであるとともに、その業態の類型化においてきわめて大づかみのものであると考えられる。従って、このようなとらえ方を基本的なものであるとするならば、その他の多くの論者たちの業態のとらえ方は、業態を規定する要因のとらえ方と業態の類型化において、この基本からのかたよりを示すことになるだろう。

すでに見たように、矢作敏行氏にとって、「業態革新」とは、「店舗販売上の革新」であり、店舗における「オペレーション上の革新」であった。従って、ここでは、業態とは、店舗販売上の、店舗におけるオペレーション上の特徴であるということになるだろう。

また、渥美俊一氏は、業態にかかわって、業態（Type of Operation）と業態類型（フォーマット）とを区別している。まず、業態は次のように定義される 5)。

販売（経営）重点の違いでわけた商売の種類。
「業態論」とはその時期にどんな商売形式（重点）がよいかの主張。……
以前は業態とは、商品・客層・集荷・販売システムなどの仕組みによる商売の分類のことで、問屋、卸売業、小売業とか、現金問屋、掛売店、現金売店、セルフサービス店、月賦店などの種類のことだった。
　しかし時代が進むと、管理システムの違いが重視されて単独店経営や支

店経営よりもチェーン経営がよいといった主張のこととなった。

　昭和60年代からはアメリカと同様にいよいよ"競争"時代に入るので、扱かい商品の価格レンジ（狙う用途・動機・ＴＰＯＳ）の選び方としぼり方で特色を出した商売が大事だというので、ＤＳ、ＳＳＭ、ＦＦＳ、ポピュラー・プライス・レンジＳＳ[6]といったアメリカと同じ業態類型がすすめられている。

　次に、業態類型とは、「アメリカで確立された業態の類型（種類）。ＪＲＣ（日本リテイリングセンター）が現在主張するチェーンストアの形態」と定義され[7]、「フォーマットとは、業態類型と翻訳されるが、簡単には、品揃えの仕方の種類だと受けとめていただきたい」と主張され、さらに次のような注意が述べられている[8]。

　日本では、この「業態類型」というときと「業態」とが混同されて使われている。後者の「業態」とだけ言うときは、Type of Operation つまり商売の形式のことである。したがって、「業態論」といえば、その時にいかなる商売の型をとるのが有利かについての主張のことである。

　このように、「業態」と「業態類型」を区別するとらえ方は、必ずしもわれわれの共通の認識となっていないばかりではない。むしろ、渥美氏のいわゆる「業態類型」こそ、われわれのいわゆる「業態」なのではないか、と疑問を提出したい気持ちさえ起こってくる。もちろん、渥美氏は、そのような「混同」を一笑のもとに否定されることであろうけれども。

　渥美氏のような小売業態と小売フォーマットのとらえ方があるのに対して、同じ用語について、それとは異なったとらえ方もある。たとえば和田充夫氏の見解である[9]。和田氏はまず、小売業態の登場を百貨店の出現によるものとする。百貨店の登場により、「従来の業種別販売形態とは違って事業形態の多面性を総称する上で業態という形での小売事業分類が必要となった」とするのである。ここで「業態」とは、「事業形態の多面性を総称するための

小売事業分類」である。その上で、業態についての議論の２つの流れについて、次のような批判的な整理を行っている。

①本質的な問題は、百貨店、スーパー、専門店といったように現実にさまざまに発生する小売りの事業形態を大雑把に分類し呼称することは現象説明上は便利であるとはいうものの、小売事業形態の分類化とネーミングにかかわればかかわるほど、小売事業形態の現実の複雑性と差別性を無視することとなり、また、絶え間なく変化する小売事業形態から取り残されたものとなってしまうことである。

②次に小売事業の新たに発生する形態を予測するために、その発生メカニズムを理論的に解明しようとする一連のアプローチ、たとえば小売りの輪仮説、真空地帯仮説、フォード効果仮説等については、一定の歴史的意義を認めつつ、その意味は今日の小売環境変化のなかにあっては既に大きく低下したとして、次のように論評する。

これらの仮説は、その理論は枠組みの単純性や一般性を強調するあまり、小売事業形態の競争優位性を高めるためには具体的に何をしたら良いのか、消費者に対して優位的なサービス・オファリングの具体的な内容は何なのか、という極めてマネジリアルな課題に対する解は一切与えてくれないのである。

このようにして、和田氏は、次のような主張に到着することになる。

わが国小売市場の10年後の新地図を描くにあたって留意すべきポイントの１つは、……小売業態ネーミング・ゲームにとらわれたり、小売事業の複雑性・多面性・総合性に立ち入れない議論に固執する「小売業態論争の終焉」を認識すべきことなのである。
　しからば、競争差別性を構築し、消費者に対する小売サービス・オファ

リングの独自性を築き上げるために、小売企業は今後どのような枠組みを持つべきなのだろうか。その答は、小売事業を消費者に対して小売サービスを提供するフォーマットと、それを支えるシステムの組み合わせと考えることであり、その背景に持つべき考え方はマーケティング戦略志向とシステム化志向である。

　このように和田氏は「小売業態」から「小売フォーマット」への転換を主張し、それらの違いを次のように述べている。

①（小売フォーマット＆システムは、）小売業の形態が店舗であれ無店舗であれ、それは事業としての総体であって、消費者に対するサービス・オファリングの形態とそれを背後で支えるサポート・システムの統合体として認識するということ
②小売サービス・オファリングの形態はターゲットの設定に始まってさまざまなマーケティング・ミックス要素の組み合わせから構成されており、それは市場適合性的に無数に存在するということ
③小売フォーマット＆システムは、単に小売販売形態を類型化したり、管理システムのみをいったりする小売業態の考え方とは異なり、⑴サービス・フォーマット、⑵フォーマット・サポート・システム、⑶フォーマット・コントロール・システムからなる三位一体の統合化された概念枠組みなのである。

　和田氏のこのような「業態」と「フォーマット」のとらえ方は、渥美氏のそれらのとらえ方とは異なるものである。和田氏の主張は、「業態」という手垢にまみれた概念を捨てて、「フォーマット」という概念に置き換えることによって、本来「業態論」がその課題とすべき内容をすくいあげるための試みと見ることができるかもしれない。
　以上見てきたように、小売業態とは何かという問いに対しては、さまざまの解答が可能である。しかし、小売業態の実体として考えられるものが、百

貨店、量販店、一般小売店、あるいはスーパー、専門店、コンビニエンスストア等であることは確かである。また、多くの論者が、業態を、実践的な視点から、マネジリアルな視点からとらえようとしていることには、注意を払う必要があるだろう。

3. 業態多様化と業態明確化

さきにふれたように、和田充夫氏は、小売企業が現実に小売競争を行い、「消費者需要適合化努力」を行うにあたって、「自社の小売事業はどの小売業態に属するのか」、「わが社は今後どの小売業態を採用すべきなのか」という議論を放棄するよう主張していた[10]。

しかし、同時に、このような問いこそ、小売企業にとって切実なものであることも確かである。業態多様化がすすみ、それとともに業態明確化が必要となるにつれ、このような問いはますます繰り返して問われることにならざるをえない。

そこで、大手スーパーを中心に、低成長下における展開方向を、中野安氏の研究によりつつ、見てみよう。一言でいえば、それは多様化・多角化の方向である[11]。

①大手スーパーを中心とする多様化・多角化は、まず既存の設備、労働力、ノウハウなどを直接的に活用できる小売業内部の異業態・新業態開発（多様化）という、最も容易な分野から出発する。こうして専門店、ディスカウント・ストア、コンビニエンス・ストアなどへの進出がはじまった。だが最近ではさらに、都市型百貨店のように、膨大な投資とスーパーとはかなり異質のノウハウ、取引先などを必要とする分野への本格的進出さえ企てられるようになった。この結果、大型店から小型店、セルフサービスからフルサービス、大衆品から高級品にいたる全業態が取り揃えられ、物販面での全需要対応体制が整備されることになる。

②消費者の多様な消費連関を利用した市場連関型進出も行われる（たとえば、外食、スポーツ、レジャー、ホテル、教育・文化、金融・保険、その他各種サー

ビス産業への進出）。

③小売活動に随伴する諸部門への機能連関型多角化がある（たとえば、物流、不動産、広告、情報など）。

④取扱い商品に関連した後方（卸売業、製造業、農業など）への多角化も進められている。

⑤巨大小売業を中心とする国際化も活発化しようとしている。

　大手スーパーの多様化・多角化の特徴は、中野氏によってうえのように整理されているのだが、さらにそれらについて、1983年の執筆時点での評価が次のように示されている[12]。

　　現状では全体的になお初期的・創業的段階にあるといってよい。そしてこのようなきわめて広範囲にわたる多様化・多角化の推進に不可欠な組織・運営体制も整備されているとはいいがたい。さらにそれらへの経営資源の配分も明確な長期的ビジョンに立って行われているわけではない。それらはすべて今後の課題として残されている。これまではただ環境変化へのある面で過敏ともいえる反応として多様化・多角化がすすめられたのである。……

　　しかし、その現状がどうであれ、かかる多様化・多角化自体は新たな消費者行動への積極的対応であり、消費支出中に占める物販支出のウェイトの傾向的低下への対応、すなわちモノ、サービスを含む「全需要対応型」企業戦略の展開を示すものである。……しかも多様化・多角化の推進は逆に、周期的に進めねばならない陳腐化店舗の更新＝活性化のために、多様な選択肢を提供し、それらの環境変化への的確な適応をいっそう保証する。……

　以上にみたような「環境変化へのある面で過激ともいえる反応として多様化・多角化が進」むなかで、「80年代の流通産業ビジョン」が登場した[13]。このなかで、さきに見た和田充夫氏の否定する小売業態の類型化が典型的に行われている。たとえばうえにふれたような大手スーパーの多様化・多角化

図1 小売業の類型化マップ

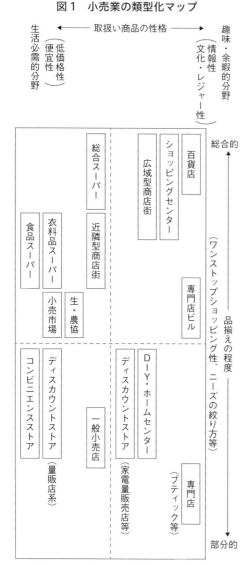

（出所）小川修司編著『図で見る80年代の流通ビジョン』、流通システム開発センター、1984年、83ページ。

は、そしてとりわけ業態の多様化は、同時に業態の明確化をも必要とすることになるはずである。こうして、「80年代の流通産業ビジョン」のなかに小売業態の類型別展望が示され、業態類型化の基準が示されることになった。「ビジョン」のなかでは、業態類型化の基準として①取扱い商品の性格と②商品構成における総合化の程度が採用された。（基準として、店舗の有無、店舗規模、企業規模、取扱い商品の性格、販売方式—対面販売かセルフサービスか—、対象とする顧客の特定度、商品構成、組織形態等種々に考えられるわけだが、そのうちさきの2つ。）こうして、この2つの基準を図1のようにかけあわせることによって、次の4類型が導き出された。

①生活必需品分野におけるニーズに総合的に対応する業態

②生活必需品分野におけるニーズに部分的に対応する業態

③趣味・余暇的分野におけるニーズに総合的に対応する業態

④趣味・余暇的分野におけるニーズに部分的に対応する業態

　さらにそれら4つの業態類型 14) に属する各業態の定義は、表1に示される。

　「ビジョン」は各業態の特徴と可能性について言及したうえで、多様な新業態の開発・展開について、消費者ニーズの多様化に対応するものとして、次のようにふれている 15)。

　消費者ニーズの変化に既存の業態が十分対応できず、そこにギャップが生じた時、そのギャップを埋めるような種々の新業態が生まれ急速な展開が行われる。……

　しかし、新業態は登場した当初は急激に成長するが、そのギャップが埋められるに伴い、次第にその伸びは低下する傾向がある。…

　ごく最近まで、販売方法、店舗構造等に特別の工夫を有し、「業態」と呼ばれるのにふさわしい小売業は、百貨店、スーパーなど非常に限られたものであったが、消費者ニーズが多様化し、他方、新しい技術革新の成果が採り入れられることにより、コンビニエンスストア、専門店チェーン、専門量販店、ＤＩＹ・ホームセンター、無店舗販売等、種々の新業態の輩出が顕著である。

　今後、ますます多様化するニーズに対応するとともに、精神的、文化的側面を含めて、真に豊かな生活の実現のためには、新業態の開発展開が一層活発に行われなければならない。特に様々な生活関連情報を提供するとともに、それに付随してモノ・サービスを販売する総合生活産業への発展が期待される。

　このように「ビジョン」は多様化に対して高い期待をかけているわけである。この多様化が、主として消費の多様化に対応するものとして考えられていたとするならば、次に、1980年代後半以降をも展望し、情報化の進展に対応する部分をも組み込んだ「小売業態構造の変化」を展望したものとして、図2をあげておきたい。

表1　各業態の定義

	業　態	定　義
生活必需的分野に おけるニーズに総 合的に対応	総合スーパー	食料品、衣料品、雑貨のすべての品揃えをしている総合小売店で、セルフサービス方式を主体としている大規模小売店。売場面積は平均6,000㎡（セルフサービス店統計）
	食品スーパー	食料品を中心とした総合小売店（食料品販売比率70％以上）でセルフサービス方式を採用。売場面積は平均400㎡（セルフサービス店統計）
	衣料品スーパー	総合衣料品小売業でセルフサービス方式を採用。売場面積は平均1,000㎡（セルフサービス店統計）
	小売市場	生鮮食料品を中心とする生活必需品を品揃えする小規模な店舗が1つの建物に集積している店舗形態。売場面積は平均700㎡（中小企業庁調べ）
生活必需的分野に おけるニーズに部 分的に対応	コンビニエンス・ストア	最寄品中心の品揃え、長時間営業を行う小売店。売場面積は平均100㎡
	一般小売店	他の定義に入らない小売店。
趣味・余暇的分野 におけるニーズに 総合的に対応	百貨店	食料品・衣料品・雑貨・家庭用品のすべてを品揃えしている総合大型小売店。対面販売方式を主体。売場面積は平均16,000㎡（商業動態統計）
	ショッピング・センター	デベロッパーのもとに計画された小売業、飲食業、サービス業等の集団的施設。売場面積は平均8,000㎡（ショッピング・センター協会調べ）
趣味・余暇的分野 におけるニーズに 部分的に対応	専門店	消費者のある特定ニーズに対象を絞り込んだ、独自の商品構成とソフトウェアを持つ小売店。
	DIY・ホームセンター	住まいを自らの手で、維持・補修・改善等を行うための素材、道具を総合的に品揃えしている小売業。売場面積は平均1,300㎡
その他 （各類型にまたが る業態等）	ディスカウント・ストア	ディスカウント・ストアは、本来家電、衣料など耐久消費財の分野でのディスカウンターを示す。（わが国では、より広くディスカウンターを総称して使われる場合も多いので、ここではそれらを含めて、とりまとめている。）
	共同店舗	複数の中小売業者等が共同で建設し運営している小売店舗。売場面積は平均1,500㎡（中小企業事業団調べ）
	商店街	業種、業態の異なった店舗が集積して形成、集積規模（量・質）によって広域型商店街、地域型商店街、近隣型商店街に分かれる。
	ボランタリー・チェーン	各地に分散する多数の小売・サービス業者（あるいは卸売業者が参加して）が、各自の自主性・独立性を維持しつつも、継続連鎖関係を結び、仕入事業や経営指導事業等の各種事業を協同化し、規模の利益、分業の利益が図られるシステム。
	フランチャイズ・チェーン	本部が、加盟店との間で契約を結び自己の商号等を使用させて同一イメージのもとに事業を行う権利を与えるとともに、経営指導、商品供給等を行い、これらの対価等として加盟店から加盟金、ロイヤリティなどを徴収するシステム。
	無店舗販売	広義には、店舗での来店購買という方式をとらない販売方法。主要なものは、セールスマンによる訪問販売、商品パンフ・カタログ・TVなどのメディア利用による通信販売、自動販売機による販売の3タイプ。

（出所）小川修司、前掲書、84～85ページ。

図2 小売業態構造の変化

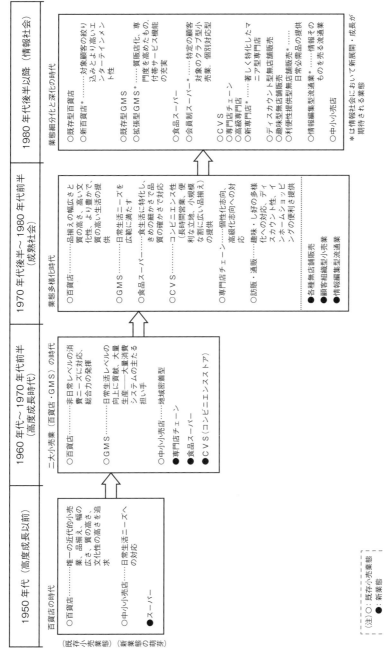

4. 渥美俊一氏の業態論

前節にふれてきた業態論が業態多様化、業態明確化、新業態開発というように主として多様化の特色を強く持っているとするならば、ある意味で非常に明確に多様化を否定するものとして、渥美俊一氏の理論がある。ここでは、まず渥美倫論批判についてふれ、それから業態論・フォーマット論にすすみたい。

(1) 渥美理論への批判

やゃアクセントをつけていえば、マニュアルによる流通小売業の装置産業化が、佐藤（肇）氏のいう流通革命であるということになる。このような考え方を、もっとも平板に、しかも俗耳にはいりやすい形で宣伝したのが、渥美俊一氏などに代表されるチェーンストア論である。流通小売業そのものは装置産業化していかねばならないという考え方が、より平板化されてくると、小売店の店頭にたっている人間は、ロボットのかわりに商品を消費者に手渡せばよいのだといった、極端な議論になっていく。

ここにあげたのは、堤清二氏『変革の透視図』からの一文である [16]。ここにおいて、渥美氏の理論は、佐藤肇氏の流通産業革命論（堤氏によれば、流通経営革命論であるが）の平板化されたものと評価されている。平板化の中味については必ずしも明確ではないが、チェーンストア論として、佐藤氏のものと、渥美氏のものがほぼ一括してとらえられていると見ることはできるだろう。また、渥美氏のコンサルタントとしての活躍とその社会的影響力からするならば、平板化とは、おそらくチェーンストア理論の、コンサルタントとしての、経営の現場への具体化のことを指しているのではないかとも考えられる。

また、西武流通グループについての、あるケーススタディのなかでは、堤

清二氏のスーパー批判が次のように紹介されている¹⁷⁾。

　堤代表は、「量販店の犯す7つの大罪」として、(1)スケールの競争に目を
奪われて経営の質の競争をなおざりにしている、(2)社会的責任を忘れてい
る、(3)満足な品質検査を行っていない、(4)消費者優先思想の喪失、(5)都市
計画を破壊している、(6)チェーン・オペレーションすなわち流通革命では
ない、流通革命とは何よりも経営者の意識革命でなければならない、(7)店
舗の従業員を作業員化し活力と柔軟性を失わせている、と批判した。

　このようなスーパー批判は、もちろん流通産業をとりまく環境の激変する
なかでのものである。そこにおいて、単にスーパーの現実の経営が批判され
ているだけでなく、それを指導した理論への批判も強く意識されているので
ある。
　チェーンストア論、とりわけ渥美氏の理論に対する批判は、すでに1970
年頃にも行われていた¹⁸⁾が、ここではそれから10年後の矢作敏行氏による
ものを見てみよう。矢作氏はその著者『現代小売商業の革新』の「第2章流
通革命論以降」の大部分を、佐藤肇氏、渥美氏のチェーンストア論の批判に
充てている。その論点は以下のようなものである¹⁹⁾。

① （佐藤氏は）チェーンストア経営さえ確立しておけば、次々とやってくる
　小売業態の革新には自ずと対応できると考えたのである。実際の歴史は全
　くそうではなかった。……
　小売業態は、けっしてチェーンストア革命の付属物ではない。……
　　チェーンストア理論はいつの時代においても不変である経営管理、経営
　組織の一般原理、原則を基礎としているのに対して、小売業態は時代の環
　境に応じた可変な枠組みとして設定される。

②渥美氏の提唱するマス・マーチャンダイジング論について、「現実は理論
と全く逆に引っくり返っていた」と評価する。

単品制覇なくしてマス・マーチャンダイジング、流通革命の実現がないとすれば、大幅に商品部門、店舗規模を拡大する過去20年の総合スーパー路線は理屈にあわない。教科書通り標準化した同一様式の店舗を大量に出店して、たとえば「スカートのトップ」はあきらめて「だしじゃこのトップ」をねらうといった方向がとられるべきなのである。……

　現実と理論とがどこかで入れ替わってしまったのは、おそらくスーパー経営者が商売人としての現実感覚を身につけていたからだろう。

③さらに矢作氏は、堤清二氏の近代化論批判、流通現代化論をふまえて、次のように述べている。

　過去、日本で展開されてきたチェーンストア理論は、その画一性において「日本的」である。……

　「大多数の人が使う大衆品、実用品を扱うのがチェーンストアである」と説く渥美理論には本来地域志向という発想がなく、また「食料品スーパーマーケットにおいて総売り上げの72.2％がわずか30％の品目によって実現される」という佐藤氏の米国チェーンストアの理解は、安易な単品大量販売に荷担してしまった。……

　寡占メーカーに負けない流通と生産のシステムを構築するため、店舗・販売形態のシステム化、標準化を図ったのでは発送が逆である。出発地点は、いつも消費者の側になければいけない。各店がそれぞれの地域の人々が望む商品とサービスを導入し、それが結果として強力なチェーン・オペレーションのシステムに集っているのが理想である。……

　現代のスーパーマーケットは消費の多様化に呼応してどの国でも以前と比べて多品種少量販売の方向を歩んでいる。……

　セブン・イレブンにしても、補充買いという明確な市場標的とは対照的に、その実現のための具体的品揃えはあくまで可変的である。

　以上紹介してきたような批判に対して、渥美俊一氏は、一面において柔軟
に対応し、その主張するところを修正してきているようであるが、他面にお
いてチェーンストア・オペレーション、マス・マーチャンダイジングという
点については、一貫した姿勢を維持しているようだ。以下、最近の渥美氏の
主張について見てみよう。

(2) 渥美氏のマス・マーチャンダイジング・システムの主張

　渥美氏は、チェーンストア経営の目的は、経済民主主義（国民大衆のくら
しを一部特権階級のみが現在享受している豊かさに変革するという意味での生活
民主主義）の実現にあるとし、そのための手段を総称するのがマス・マー
チャンダイジング・システムづくりであるとする[20]。ここで言われるマス・
マーチャンダイジング・システムづくりとは、

　①チェーンストア経営の"大義"をビジョンとし、

　②人びとのくらしのためにマーチャンダイジングをし、

　③それを標準化し、

　④それによる店数ないし事業単位が200を超えて、

　⑤人びとの日常のくらしを本当に豊かにしていく、

　その過程、その活動全体の仕組みを作ること、制度化することである[21]。

　このようにして、最近のペガサスクラブ（渥美氏が主宰している）の政策
セミナーにおいても、「いよいよ本格的マス・マーチャンダイジングの時期」
というスローガンが至る所に掲げられ、また昭和62年度のスローガンとし
て「未曽有のデフレ下にいよいよ本格的 Mass Merchandising を」が掲げら
れることになる[22]。

　また、商品については、「"大衆"がいて、大衆商品ができるのではない。
大衆商品が出て、"大衆"がそのつど生まれるのである」[23]。という箴言が
示されている。さらに、「(1) 1品目1店1日100個売れる商品、(2)入店（入
階）客数の1割以上が買う商品、を育てよう」というスローガンが提唱され、
そのうえに Mass 商品の条件が示されることになる。マス商品とは、①生活
者のニーズに適合するものであり、すなわちその意味で「生活提案」でなく

てはならない、そして②「ほとんどの人々は生活の大部分は“大衆”的消費で、ごく一部分（趣味・特技・特殊知識の分野）でのみこだわりのある“くらし”をしている」ということからとらえられなくてはならないとしている。

このようにマスを重視し、いわゆる消費の個性化・多様化を重視しないというのみならず、個性化・多様化を重視することの誤りを強調することにおいて、渥美氏の主張はきわだっていると見てもよいだろう[24]。

(3) 渥美氏の業態論

渥美氏の理論がその対象としているのは、日本のチェーンストア志向企業群に限られている。しかも、ここでいうチェーンストアは、矢作敏行氏の渥美氏批判のなかで言われているようなチェーンストアのとらえ方とは異なる性質も持っている。矢作氏のいわゆるチェーンストアが、小売業の経営組織の革新についての普遍性のあるものを指しており、業態とはまったく異なるものと考えられているのに対して、渥美氏のチェーンストアは、業態的特徴も兼ねそなえていると見てもよいだろう。たとえば、さきに見たマス商品のみを取り扱うべきであるという主張（渥美氏の発言からはそういうニュアンスが感じられるが）は、自然にマス商品を主として取り扱う特定の業態に帰着するだろう。その他の渥美氏の主張をみても同様のことが言える。

そこで、渥美氏の業態論について見る。ただし、「業態論」という用語についてすでにふれたように渥美氏は特殊の定義のもとに使用しているので、ここでは、渥美氏のフォーマット論について見てみよう。

フォーマットとは、渥美氏によれば、「アメリカで確立された業態の類型（種類）」のことであった。フォーマットがなぜ区別されなくてはならないか（区別の目的）という問いに対しては、次のように答えられる[25]。

　(1) 1人の人間は、さまざまなTPOS（用途）別の行動をする。

　(2) 文明水準が高まるにつれて、その種類がふえてゆく。

　(3) しかしTPOSごとに商品のあるべき性質（条件）は違っている。

　(4) そこで、TPOSごとのフォーマットが作られなければならなくなる。

ここでは、1人の個人の行動の多様性→その必要とする商品の多様性→

フォーマットの多様性というように、多様性が認められていることに注意する必要がある。もちろん、それは、いわゆる消費の個性化・多様化といわれるものとは異なったものとして考えられているのだろうが。

　区別の基準（区別の内容）としては、①TPOS（用途）の違い　②価格レンジの違い　③来店頻度の違い、④商圏人口の違いが原則としてあげられ、またこの4点はそれぞれ対応しあう関係にあることが示されている。また、この4点の原則が、それぞれ具体化される方向も示されている。

　このようにして、さまざまのフォーマットが考えられうるわけだが、それらフォーマットのあらゆるものが追求されるわけではない。チェーンストアという枠組みによって限定されているのである。しかもこのチェーンストアは、

　⑴より多くの人の（Everybody）

　⑵よりふだんの（より多量に使う）（Everyday）

　⑶より低額な商品を（Popular Price）

　⑷より高い来店頻度の（usual）

　⑸小商圏（10万人→7万人→5万人→3万人）の店で（Oligopoly）

という5条件によって規定されているのである。このような条件によって規定されているチェーンストアは、もはや単なる抽象的なチェーン・オペレーションを行うものではなく、「80年代流通ビジョン」のなかで使われていたような意味での「業態類型」であるといってもよいだろう。

　さらに、フォーマットを制約する条件として①客の歩行距離の限界と②客の店内滞留時間の限界が指摘され、そして同じフォーマットのなかでの最後の決め手として、「生活スタイルの細分化」と「趣味・嗜好の細分化」が示される。

　このように、フォーマットとは何かを説き、さらに「チェーンストア」という枠組みでとらえうる限りでのフォーマットについて、アメリカの先例が示されることになる。すなわち、アメリカで実証されたチェーン化可能フォーマットについて、「おすすめ」は何か、「実験中」のものは何か、「ダメだったもの、ダメになったもの」は何か等が示されるのである。そして同

様に、「いま日本で最も重要なフォーマット」、「日本での新フォーマットへのヒント」が示されることになる。

　ペガサスクラブの政策セミナーにおける渥美氏の報告は、「アメリカ・チェーンストア情勢分析」、「国内情勢分析」、「新年度重点経営戦略と政策提案」とからなっている。これらを業態論という面から見ると、最新のアメリカの情勢を語るなかで既存のフォーマットの盛衰と有望な新フォーマットを紹介し、次に日本に話題を転じて、一方で既存のチェーンストア企業について、チェーンストア経営の原点に立ち戻ることを提起するとともに考えられうる有望なフォーマットを、アメリカの先例を参考にしながら提示してみせるのである。

5.　小売業態論の意義について

　小売業態にかかわる議論の多くは、業態多様化、業態明確化、新業態開発等の問題を取り扱う。それは、一方で、環境変化に対していかなる小売業態によって対応するのかという問いに答えようとする。たとえば、消費の変化に対して、また情報化の進展に対して、いかなる小売業態により対応するのか。あるいは、いかなる小売業態がより有望であるだろうか。業態にかかわる議論は、他方で、その議論する業態モデルを具体化していき、生産力類型とでも言うべきものにまで高めていかなくてはならないだろう。さもなければ、現実に企業のなかでその業態モデルが採用されることはないだろうからである。

　この点においてチェーンストア論は、そしてまた渥美俊一氏の理論は、典型的な特徴を持っていたし、持っていると言うことができるだろう。おそらく、このことが、渥美氏の理論の支持される理由ともなるのだろうし、また小売業態論の意義を構成するものの１つであると思われる[26]。

　小売業の領域は、環境変化によって大きく変動することが多いが、変動はおそらく過去におけると同様、将来においても無くなることはない。そのなかで、おそらく新しい企業が、そして新しい業態が次々に生まれてくること

にならざるをえない。もちろん今後大規模小売業の流通支配はますます発展すると予想されるが、にもかかわらず、新しい企業の、そして新しい業態の発生・発展の余地を無くするというようには考えられない。

　このような領域では、つねに、参考となりうる生産力類型を提示してくれるかのように見える理論が社会的に必要とされ、また現実の影響力を持ち続けることができるのであろう。

1）『流通経済の手引』各年版参照。

2）柳孝一・矢作敏行・小山周三「業態開発の方向をどうみるか」、流通産業研究所編『〔シンポジウム〕流通変革』リブロポート、1980年、116〜118、122〜125、128〜129、135ページ。

3）山岡良夫「資生堂業態開発計画の検証とチェーンストアの対応」、『国際商業』1987年4月号、36〜38ページ。

4）公正取引委員会事務局編『経済の変化と独占禁止政策』大蔵省印刷局、1984年、306、308ページ。

5）『チェーンストアのための必須単語701』日本リテイリングセンター、1986年、67ページ。

6）順に、Discount Store, Super Supermarket, Fast Food Service, Specialty Store.

7）同上書、256ページ。

8）渥美俊一『チェーンストア経営の原則と展望』実務教育出版、1986年、166ページ。

9）和田充夫「小売業態の喪失と小売競争の新地図」、『季刊消費と流通』第10巻第4号、1986年秋季号、41〜43ページ。

10）同上論文、42〜43ページ。

11）中野安「スーパーの急成長と流通機構」、糸園辰雄他編『現代日本の流通機構』大月書店、1983年、143〜144ページ。

12）同上論文、145ページ。

13）通商産業省産業政策局、中小企業庁編『80年代の流通産業ビジョン』通商産業調査会、1984年。

14）ここで使用されている「業態類型」の意味は渥美氏の使用するものとは全く異なっているので注意すること。

15）小川修司編著『図で見る80年代の流通ビジョン』流通システム開発センター、1984年、122ページ。

16）堤清二『変革の透視図』改訂新版、トレヴィル、1985年、121ページ。

17）竹内弘高他『企業の自己革新』中央公論社、1986年、47ページ。

18）高丘季昭『西友ストアーの流通支配戦略』日本実業出版社、1970年、参照。

19) 矢作敏行『現代小売商業の革新』日本経済新聞社、1981 年、61、63、66、67、71、72、73 ページ。

20) 渥美俊一『チェーンストア経営の目的と現状』実務教育出版、1986 年。

21) 同上書、70 ページ。

22) 『ペガサスセミナー第 1747 回昭和 62 年新年度政策セミナー・テキスト』昭和 61 年 11 月 25 日〜 26 日、1-0、4-2 ページ。

23) 同上書、4-60 ページ。

24) 三浦一郎「いわゆる消費の個性化・多様化と消費の組織化」、『立命館経営学』第 25 巻第 5 号、1987 年 1 月、4 ページ。

25) 前掲『ペガサスセミナー第 1747 回テキスト』4-18 ページ。

26) 二場邦彦「戦後の経済発展と中小企業の理論」、角谷登志雄他編『現代日本の企業・経営』有斐閣、1986 年、参照。

8
街づくりと大規模小売業
―西武セゾン・グループを中心に―

1. はじめに　東京の魅力について

　ここ数年来、東京論ブームが続いている。その背景には、経済力の東京へ
の集中があることは言うまでもない。情報化、情報ネットワーク化のすすむ
なかで、そしてまた国際化のすすむなかで、東京への、あらゆる部面におけ
る集中傾向が加速化しているのである。

　見田宗介は、1986年の東京論についての、あるコメントのなかで次のよ
うに述べている[1]。

　　東京の「面白さ」にはいわばオモテとウラがあり、オモテは21世紀に
　向けて、国際都市 TOKYO に変貌するという流れ、ウラは19世紀以前の、
　江戸風のものを見直す視線のようなものだ。……
　　ウラとオモテの東京の「面白さ」という言説にたいして、この両面をく
　るめての「裏側」をみようというのが、『世界』の特集[2]の主調音である
　……この「面白さ」の裏側にある東京の「住みにくさ」を指摘している。
　……
　　東京は「面白いけれども住みにくい」のか「住みにくいけれど面白い」
　のかということは、はかりにかけてみることもできる好みの問題である。
　そこで語られる「面白さ」や「住みにくさ」の底を踏みぬくところに現出
　するはずの〈生き難さ〉と〈面白さ〉の闇と光を、「面白い」という言説
　と「住みにくい」という言説が、舗装している。

150

　ここに見られるように、「面白さ」と「住みにくさ」ということに東京論の特徴を集約することも可能であるかもしれない。しかしその際、ここ数年の東京論の特徴を主に代表するものが、むしろ「面白さ」を主張するものであったということには、注意する必要があるだろう。われわれにとって、東京は、高度成長期以来、わが国の近代化のゆがみを象徴するものとして、また都市の醜悪さを集中的に体現するものとして、とらえられてきたのだが、そうした理解に対して、東京の都市としての魅力を説き、その魅力を再発見しようとする動向が生じ、さらにはブーム化したのである。

　われわれが東京に出かけたとき、たしかにある面白さを実感する。その面白さとは何なのだろうか。われわれが東京に出かけたとき感じる東京の魅力は何なのだろうか。建築家黒川紀章は、ヨーロッパの都市と東京とを比較して次のように述べている³⁾。

　　ヨーロッパの都市はギリシャ時代ならアゴラ、ルネッサンス以後なら市役所などがある広場を中心にして発展してきたものです。中心が必ずあってそこから秩序だった街並みが続く、そこに不動の永遠性を求めるという美意識が基礎になっている。そういう眼からみれば確かに東京は美しくない。しかし都市の中心はいくつあってもいい、一元的でなく多元的であっていい、永遠の美ではなくダイナミックな美があればいいという眼でみると、いまの東京ほど魅力あふれる都市はない。僕なんか美しい美しくないという基準の時代は終って、面白い面白くないが基準になる時代に入ったと思っている。その意味で東京は世界一、複雑で多様な魅力をもったハイブリッドな都市ではないか。だから東京のいまの方向は基本的にはいいと思う。この方向のなかで、時間をかけてひとつひとつ建物がリファインされていけば21世紀には世界のどこでも達成できなかった魅力的な都市ができるだろう。

　黒川はこのように、ヨーロッパ型ではない魅力をもつ東京について、極めて楽観的な見通しを述べている。また、サントリーの佐治敬三も、東京の面

白さについて語る⁴⁾。

　パリもいい、ニューヨークもなかなか捨てがたい。ベルリンはなんということもない街ですが、ロンドンはいかにもイギリス的でいいですね。けど、東京もこのごろはなかなか面白いじゃないですか。大阪としては大いにやきもちをやいているんですよ。なぜ東京だけがこんなに面白くなったかと。……

　（東京がなぜ面白いのかというと──三浦）東京という街のもっている非常にアクティブな、非常に猥雑な、非常に雑多なエネルギー。それがどこから湧いてくるのか、やはり若い人がたくさん集まってくるからじゃないのかと思う。野性的なエネルギーが、東京にはしょっちゅう注入されている。それが東京の活力であり、魅力なんじゃないか。大阪にはそれがない。

このように、佐治は東京の面白さについて述べたあとで、街づくりに言及して言う。

　研究都市にしろ操車場再開発にしろ、管理的発想だと猥雑なものがあったらいかんということになりがちですが、私としてはもうちょっと自由な発想をして、猥雑なところも含みながら活力のある街づくりをしてもらいたいと思っています。

佐治の発言は、「猥雑な活力」にもかかわる文化的な受容力についての「東京」と「大阪」の「格差」にもふれ、「東京にはよきにつけ悪しきにつけ、文化・芸術についてのスノビズムというものがある」（井尻千男）ということに同意したうえで、次のように述べている。

　……スノビズムがなかったら、高級なワインやウィスキーなんかも売れへん（笑）。スノビズムがもしも人生にとって価値なきものであれば、焼酎だけ飲んでおればいいことにもなる。

　黒川と佐治の発言のなかにみられるように、東京の面白さの評価は、「永遠の美ではなくダイナミックな美」、「猥雑で雑多な活力」の評価を特徴としている。

　限りなく変化し、活力ある都市こそ魅力があるという思想は、現在、東京をとらえているだけではない。むしろ東京にとどまらず、日本全体に広がっていると考えてもよいだろう。東京と東京以外との間に地域的不均等発展が激化しているがゆえに、東京以外では、東京的パターンが模倣されつつあるようにも思われる。東京の魅力についての議論は、したがって、東京以外の都市の魅力についての議論にも準用されることになる。ただし、そうした魅力をもたないものとして。したがって、いかにすれば、そうした魅力を獲得しうるか、というように。

　われわれが、消費者あるいは生活者として都市を体験し、都市の魅力にふれるとき、その魅力の一端は、われわれが都市に集まること自体によって生まれることになる。しかし、われわれを、都市に呼び集めるものは何かといえば、その主要なものは、街の魅力であるだろう。したがって、街を構成する主要な施設である小売商業施設は、街の魅力にとって、そしてまた都市の魅力にとって、大きな意義を持つことになる。

　環境変化に対応して、小売商業はたえず変化しているが、さきにみたような面白さを持つ都市にとって、変化する小売商業は、都市の面白さを構成する存在として非常に相応しい特徴を備えているものである。以下街づくりに果たす小売商業の役割という問題について、ある大規模小売業に焦点を置きながら、検討していきたい。

2. 街づくりと小売商業

①街づくりの多様さ

　街づくりといっても、そのありかたは多様である。『マニュアル自治体の街づくり』によると [5]、街づくりとは、一般的には「地域の空間と社会を地

域の住民が構築する一切のこと」であるとされており、「身近かな生活の場
"街"を対象として、住民の参加と協力にもとづく生活者の側からの地域づ
くり」と考えられているので、街づくりにおいては「"ハード"なモノづく
りだけを意味するのではなく、ハードを支える"ソフト"な仕組みづくりが
大切である」ということになる。すなわち、街づくりとは「ハードとソフト
を含めたもの」と考えられており、ソフトに対しては、次のようなことが期
待されている。「例えば、各地で行われているフェスティバル、フォーラム
やまつりなどのイベントがコミュニティの醸成、街づくりへの創造力を掻き
たて斬新なアイディアを実現させるという効能が期待される。」

　同『マニュアル』はまた、街づくりの目標と街づくりの内容をあげてい
る[6]。まず目標としては、①安全性（災害や交通事故等に対する環境の安全さ）、
②快適性（緑や広場、日照、通風等、建物そのものと周辺の環境の快適さ）、③
健康性（公害や衛生面からの環境の健康さ）、④利便性（通勤、通学の交通や、
買物、医療等の環境の便利さ）、さらに⑤文化性（地域の歴史や、風景等都市景
観の保全、創出。伝統芸術等の保全、イベント、おまつり等の開催）の5指標が
あげられている。

　次に街づくりの内容であるが、①家づくり（住宅や共同住宅、商店、工場等
建築物の整備）、②道づくり（地区幹線道路、地区内集散道路、地元道路、自転
車道、緑道等の整備）、③施設づくり（公共建築物、公園、広場、上下水道等公
共公益施設の整備）、④仕組みづくり（街づくり条例、建築協定、街づくり協議
会等①～③のあり方を支えるルールづくりやシステムづくり、組織体制の整備）、
そして⑤景観づくり（建物のファサードの色や、スカイラインの統一。看板・広
告物のデザインの規制・誘導。塀の生垣化、眺望の確保、歴史的建造物の保全、
ランドマークの保全、創出等）の5つの構成要素があげられている。

　街づくりが提唱され始めて以来、すでに10年あまりが経過することにな
るが、その背景には、低成長経済に対する日本経済の適応過程において、地
方の時代がとなえられ、「中央優先から地方優先へ、都市基盤優先から居住
環境優先へ、産業優先から生活環境優先への転換」[7]がとなえられはじめて
いたことがあるだろう。しかし、そのような方向性は、次第にある変化の方

向をも含むようになる。たとえば、さきにあげた街づくりの目標⑤文化性や
内容⑤景観づくりは、同『マニュアル』によれば、最近加わったものである
とされていることにも、そのある変化の方向の一端は反映していると考えて
もよいだろう。

　さらに、『マニュアル』では、街づくりの目標と内容をふまえて、街づく
りの展開方向が①住みよい街づくり、②緑と水の街づくり、③災害に強い街
づくり、④活力ある街づくりという4パターンに整理され展開されている[8]。
そのなかでも④活力ある街づくりは、本稿の課題との関係がとりわけ深い部
分である。小売商業と街づくりにかかわって、たとえば次のような項目を含
む。

　(1)中心市街地の形成
　　　①民間活力による再開発—市街地再開発事業—
　　　②民間活力による再開発—誘導再開発—
　(4)地区整備と商店街振興
　　　①商店街と地域社会、②商店街活性化の問題点、③商店街の衰退と住環
　　　境との関係、④地区整備の目標、⑤商店街活性化の事業、⑥モール街の
　　　形成、⑦商店街の再開発、⑧店舗の複合作用、⑨活性化を支援する手だ
　　　て

　以上みてきたように、街づくりといっても、その中味は多様である。とこ
ろで、その多様さは、乱暴に2分してみると、住民の住環境を中心とするさ
まざまの生活関連の諸問題（ここでは「地域」に関するもの、としておこう）と、
商業振興および産業振興と街づくりに関する諸問題とに区別できるようにも
考えられる。1980年代における産業再編成の急進展のなかで、産業におけ
るスクラップ・アンド・ビルドが進み、各地で従来からある産業が軒なみに
スクラップ化され、落ち込み、停滞するようにみえるなかで、相対的に商業
振興による街づくりが浮上してくることにならざるをえない。この部分を、
「街」にかかわるものとしておこう。こうして、街づくりには、「地域」にか
かわる部分と「街」にかかわる部分とがあるといってもよいだろうし、当然
のことながら「地域」と「街」とは相互に影響を与えあうものでもあるだろ

う。

②街づくりと小売商業

　小売商業と街づくりとの関係を考える際においても、「地域」と「街」という両面からみていく必要があることは、さきに『マニュアル』の項目をあげたなかにも、示されていた。

　このように、街づくりと小売商業という枠組で街づくりを考えるということは、近年の流行であるが、その発端をなしたのは、やはり1983年末に出された『80年代の流通産業ビジョン』における「都市商業ルネッサンス」の提唱である。それは、「個性ある都市型消費生活への志向の高まり」に対応することが、「地域密着型小売業の役割」であり、そのような対応がすすむなかで「都市商業文化の創造」が行われることになるが、しかしその対応いかんによっては地域の小売商業の間に格差を生み「地域間競争の活発化」が生じるだろう、というものであった。『ビジョン』は、都市商業文化の創造について次のように述べている[9]。

　　各地域において都市化が進展し、特に地方都市において都市型の生活様式や消費者意識が浸透するのに伴い、消費者の文化的・社会的ニーズに対応した魅力と個性ある商業集積の形成が一層強く求められるようになっている。そこでは様々な文化性をもった商品、店舗が提供され、販売活動を通じてそこにひとつの生活文化、地域文化のパターンが形成され、商業活動を媒体とした新しい文化、すなわち都市商業文化ともいうべきものが形成されることになろう。

　　その場合、商店街の魅力は、個々の店舗の質の向上に加えて、全体として一つのまとまった個性を備えるようなものでなければならない。そのためには、商店街は、一層の組織化の推進を図り、アーケード等の共同事業の実施から更に前進して、地域小売業者、地域住民等の参加を得て、共通のコンセプト（考え方）に基づく街並みづくりにまで歩を進める必要があろう。

　また、各地域の商業集積は地域社会全体を活性化するシンボルとしての役割をも担うものであり、祭のような地域の伝統的文化の継承、文化的催事の開催、コミュニティー（地域社会）施設の設置等様々な試みが今後各地で行われることが期待される。

　……現在各地で進められている街並づくりや文化活動はこうしたコミュニティー機能をもった人間的な都市商業空間を取り戻そうとするものであり、その意味で「都市商業ルネッサンス」の時代を迎えようとしているのである。

この『ビジョン』のあと、1985年に行われた商業統計調査の結果、周知のように、商店数の減少が明らかになり、そのことが商店街に対して与える否定的な影響についても一般的関心を引きつけるようになった。『ビジョン』では、「地域間競争の活性化」について、

　情報化の進展、交通網の発展、モータリゼーションの進行は消費者の行動半径を飛躍的に拡大させることとなり、地域の小売商業の対応いかんでは購買力の流出入を招く可能性がある。この意味において、今後、小売業の地域間競争は一層活発なものになっていくことが予想される。

　また、隣接した地域に文化的で潤いのある商業集積が存在することが製造等の企業立地要因としてより大きな比重を占めるようになると考えられ、この意味で「文化立地の時代」を迎えつつあるといえよう。

　したがって、文化的で魅力ある地域社会づくりに向けての各地域の努力いかんによっては、その発展力にかなりの差が出てくることも予想される。

というように述べられている[10]。このような「地域間競争」と商店数減少問題＝商店街問題とを合わせて考えてみると、現代の日本における、小売商売による街づくりの意義と問題性が浮かび上がってくるようである。『ビジョン』が出されて以来の情報化、国際化、消量の変化等の環境変化をふまえて、1987年秋に出された『21世紀流通フォーラムからの提言』には、「賑

わいのある街とするために」と題する、次のような箇所がある [11]。

　　地域社会の活性化を図るため、流通産業も地域開発に積極的に貢献する
　ことが望まれる。
　　また、快適でゆとりのある生活を実現するためには、商業機能のアメニ
　ティ性やアミューズメント性を発揮して楽しい街作りを行うと同時に、生
　活提案型の街作りに力を注ぐことが重要である（「街全体の商品化」という
　発想が必要である）。

　続いて、ここに示されている「地域社会の活性化」と「生活提案型の街作
り」について、前者では①リゾート開発、②コンベンション都市、③新
ショッピングセンターの建設が、後者では、①文化の蓄積ある街並み作り、
②新しい商店街再開発が、具体的にあげられている。
　このように、街づくりについての、小売商業に対する期待は、ますます強
まりつつあるかのようであり、ますます多様な課題を課するものになりつつ
あるようである。
　次に、街づくりの1つの例として、大阪駅前ビル問題をとりあげてみよう。

③大阪駅前ビル問題

　ここでは、『岐路に立つ都市再開発』により、都市再開発による街づくり
の失敗例としてよく知られている大阪駅前ビル問題についてみてみよう [12]。
　大阪駅前第1～第4ビルは、大阪市による市街地改造事業として1961年
に始まり、1983年5月に完成した。これは、戦後の闇市に発する、大阪駅
前の、不法占拠を含む木造・バラックづくりの乱雑で無秩序な市街地をクリ
アランスすることによって、西日本の顔となる都市づくり（街づくり）をめ
ざしたものである。大阪駅前5.98haの市街地改造事業が実施された結果、
道路用地は以前の約2倍（2万2,967㎡）となって空地が広がるとともに、
建物床面積は以前の約5倍（42万5,236㎡）に増加した。そのうち、第1～
第4ビルのB2から2Fを占める商業床は、一般店舗3万7,354㎡、飲食店

158

舗3万6,714㎡で、合計7万㎡以上となった。この面積の大きさは、近隣の
阪神百貨店の4万4,842㎡、阪急百貨店の5万41㎡、大丸梅田店の3万
5,042㎡、等とくらべるときわだっている（数字は1983年3月31日現在）。
また、商業床の上部はすべてオフィスビルとして分譲され、事務所床14万
8,675㎡は完売され、大阪の一等地の事務所として評価されている。この総
事業費は2023億円であったが、大阪市はこの事業により、大阪駅前を密集
バラック地帯から近代的高層ビルの並ぶ都市につくりかえ税収を約35倍に
するなど膨大な開発利益を生み出し、「大成功」をおさめたといわれていた。

　しかし、商業床の分譲をうけた商人たちにとっては「大成功」というわけ
にはいかなかった。とりわけ1976年に完成した第2ビルの商業床は、第1
ビルと第3ビルの谷間となる最悪の商業床となった。区分所有建物として第
2ビルの商業床の分譲をうけた商店主たちは、管理費と光熱水費の負担をし
ながら経営努力を続けたが、人通りの少ない商業施設のなかで経営困難に陥
り、次々と閉店し、また閉店が客足の減少をまねくという悪循環をくり返し
てきたといわれている。

　営業不振のなかで商人たちの大阪市への要望が出され、市からの回答が出
されるが、その中味は「いったん分譲してしまえばあとは購入者の責任」
「第2ビルの商店街の振興について大阪市は関係ない」「経営難は商人の自助
努力の欠如。もっと自助努力を」というものばかりであったといわれている。
しかも、第2ビルの問題点は一向に改善されないままに、その問題点は第3、
第4ビルにも波及しようとしているというように、『岐路に立つ都市再開発』
では、のべられている。このような大阪駅前ビル問題は、単に大阪駅前ビル
のみの問題ではなく、都市再開発事業そのものがかかえる問題である、とい
うのが、そこでの著者たちの立場である。

　それでは駅前第2ビル問題に対しては、どうすればよいのか、ということ
については、次のような藤田邦昭の発言がある[13]。

　　第2ビルのB1でもB2でもよい。できればフロアー全部、それが無理
　ならせめてフロアーの半分を吸客のための核店舗にまかせる気になれ。そ

の場合、自分の権利は1／2に減るが、減った1／2でどうしても営業し
たければ、その核店舗の配置計画のなかでその場を与えるからそこで営業
をすればよい。どうしてもやりたいということでなければ、営業をやめて
核店舗があげる収益から分配をうければよい。それだけの覚悟があるなら
ば、自分が責任をもって核店舗を引っぱってこよう。大阪駅前ビルは何と
いっても立地条件はいいのだから、方法さえ選べば生き残る途は必ずある
はずだ。

　藤田の提案は、『岐路に立つ都市再開発』の著者たちによって、次のよう
に整理される[14]。
　①区分所有権を振り回して権利者が好き勝手に、統一性のない店舗を集め
　　たのでは吸客力がない。
　②全体としての吸客力をつけるためには、魅力的な核店舗の誘致が不可欠
　　である。そのため、現在の権利者の床の1／2を核店舗に委ねる（その
　　法的形態は賃貸、譲渡、信託、管理委託その他いろいろありうる）。
　③現在の権利者をいったんバラバラにしたうえで、1／2について核店舗
　　を呼び、これを中心として店舗の種類、数、配置計画等をすべて委ねる。
　④それによってあがった収益を権利者の権利の持分に応じて配分する。
　ここに例としてあげられた、大阪駅前ビル問題とその解決策の提案は、わ
れわれがいままでふれてきた街づくりと小売商業という問題から、街づくり
と大規模小売業という問題への移行を、われわれに要求しているようだ。

④街づくりと大規模小売業
　大阪駅前第2ビルの商業床の問題についてみたように、商店主たちによる
街づくりが困難に直面したとき、その困難を打開する力をもつものとしての、
大規模小売業に対する期待が登場する。こうして、小売商業による街づくり
にとって、大規模小売業の果たすべき役割は、不可欠の環として認知され、
街づくりに組みこまれることにならざるをえない。とりわけ、さきの例にみ
るような大都市における巨大な商業床に対応することのできる力を持つもの

を想定するならば、そうならざるをえないだろう。そこでは、街づくりにおける、大規模小売業とその他一般商店＝商店街との関係が取り扱われる必要がある。

たとえば和田茂穂の研究によれば、商店街と大規模小売業との、街づくり（＝魅力ある商店街づくり）における関係は次のようになる[15]。商店街には3つの魅力、すなわち①「安くて便利」とか「接客サービスが良い」といった"相対的魅力"、②業種構成のバランスなど"業種的魅力"、③駐車場や緑地、レジャー施設、街路など"施設的魅力"が必要であるが、商業集積間の競争の激化する今日、その3つの魅力を高めて特色ある街づくりを進めなくてはならない。そこで、商店街を実態調査にもとづき、（A）売上げの伸びている「上昇気味」、（B）売上げの「横ばい」、（C）売上げが不振の「下降気味」の3タイプに分けてみる。

まず、売上げのタイプと商店街の魅力との関係をみると、売上げ「上昇気味」商店街では3つの魅力とも高く、「横ばい」商店街では業種的魅力、施設的魅力がやや低く、「下降気味」商店街では、相対的魅力以外はまったく魅力なしであるとされている。次に、立地別との関係をみると、「上昇気味」商店街は広域型で、「下降気味」は近隣型である。

売上げタイプと商店街の核となる施設および過去3年間の大型店の出店との関係をみると次のようになっているようである。売上げ「上昇気味」商店街では、核となるのは百貨店、専門店ビルであり、大型店の出店は頭うちであるが、「横ばい」商店街では、核は大型スーパー、食品スーパーで、大型店の出店は平常であり、また「下降気味」商店街では、核は食品スーパー、公共施設で、大型店の進出は増加気味というように、まとめられている。なお以上3タイプとも、駐車場不足を施設的魅力のうち最も欠けているものとしている。また商店街組合の活動との関係をみると、「上昇気味」であるほど組合活動が活発で、「下降気味」商店街ほど行動が停滞しているようである。

このような内容をもつ和田の研究のなかでは、商店街の売上げ動向タイプと魅力度に対する大規模小売業の役割が明確に示されているといってもよい

第1表　60、61年度指定のコミュニティ・マート概要

対象団体	構想のポイント	評価
〈60年度〉		
○函館市五稜郭商店街振	国鉄官舎跡地に地域情報センターなどを建設し、商店街の核にする	B
○秋田市大町商店街振ほか	ショッピングセンターを核に、コミュニティー広場を造成する	A
○川越市川越一番街商業協（埼玉）	街路整備、ポケットパーク、山車を展示するお祭り会館を建設する	B
○台東区浅草商店街連合会（東京）	各通りを個性のある形に改装することで商店街全体に回遊性を持たせる	B
○川崎市元住吉西口商店街振	通りをモール化し、商店街全体を中世ヨーロッパ風の街並みにする	B
○塩尻市塩尻大門商店街振（長野）	共同店舗ビル、スポーツコミュニティーセンターを建設する	B
○大東町大東ショッピングプラザ（静岡）	八百半デパートを核店舗にし、地元商店が出店する共同店舗ビルを建設	B
○知立市知立銀座商店街協（愛知）	個別建て替えによる共同店舗の建設で、宿場町の伝統を復活させる	B
○大垣市大垣銀座商業協ほか（岐阜）	再開発ビルの建設と商店街のモール化を中心に回遊性がある街をつくる	A
○富山市中央通り商栄会	アーケードの改築、コミュニティーセンターの建設	B
○金沢市片町商店街振	歩道をカラー舗装、商店街5ヵ所にコミュニティースペースを設置	B
○能登川町能登川共盛会協（滋賀）	核店舗、コミュニティー広場、神社、寺を含めた商業ゾーンを形成	C
○佐伯市佐伯仲町商店街振（大分）	イベント広場、コミュニティーホールを造り、楽しめる商店街に	C
○鹿児島市中央地区商店街振連	降灰対策としてアーケードを設置、中心部商店街の活性化を図る	B
〈61年度〉		
○北上市本通り商店街振ほか（岩手）	共同店舗ビルを設置、市民がいこいとゆとりを享受できる街に	B
○太田市太田南一番街商店街振（群馬）	幅30mの道路を改造し、コミュニティー広場にし、商店街を活性化	B
○相模原市相模大野銀座商店街振（神奈川）	駅前地区再開発と連動させ、地元に密着した商店街を造る	A
○津市丸の内商店街振	ニューメディアを活用し、先進的なコミュニティ・マートを造る	A
○小松市小松中心商店街振連（石川）	市内4商店街を各テーマ別に機能分担し、個性的な商店街にする	C
○亀岡市亀岡安町商店街振（京都）	通りの幅を広げ、カラー舗装し、潤いのある商店街に改造する	B
○岡山市表町商店街連盟	通り、商店街を改造し、オランダ風の街並みに。共同店舗を建設する	A
○熊本市上通五丁目商店街振ほか	商店街をモール化し、通りも自然石を使った舗装に。共同店舗も建設	A
○福井市福井駅前商店街振	福井鉄道乗り入れによる交通機関整備と並行して、商店街をモール化	B
○大牟田市銀座通り商店街振ほか（福岡）	アーケードのカラー化、共同店舗建設で、市内中心商店街を活性化	B

（注）振は振興組合、協は協同組合、振連は振興組合連合会の略。評価は記者の総合評価。Aは「ほぼ順調」、Bは「やや問題」、Cは「努力が必要」

（出所）『流通経済の手引』88年版、1987年、54ページ。

だろう。

　また、『80年代の流通産業ビジョン』の街づくりの具体化例としての「コミュニティ・マート」構想の対象団体と構想のポイントを一見するならば、街づくりにおける大規模小売業の位置がさらに確認されることになる。その概要として第1表をあげておこう。

3. 西武セゾン・グループと街づくり

　西武セゾン・グループは、大規模小売業のなかでも、その先端的な経営展開によって特徴的な存在であるが、本稿の課題とする小売商業による街づくりという課題についても、先端的な事例を提供している。ここでは、西武セゾン・グループによる街づくりについて、さしあたり3つのタイプを考えている。すなわち、①店のなかにおける街、②店と街の一体化、③ショッピングセンターとしての街づくり、の3タイプである。①の例としては池袋を、②の例としては渋谷を、③の例としては「つかしん」をとりあつかう 16)。

①池袋（店のなかにおける街）

　西武セゾン・グループは、1940年に東京池袋に開店された武蔵野デパートに端を発する。武蔵野デパートは、1949年に西武百貨店と改称し、ここにのちの西武セゾン・グループの中核企業が登場する。今日、西武百貨店池袋店は、6万5647㎡の巨大な売場面積を持っているが、これは1983年秋の横浜そごうの開店までは売場面積で日本一であった。また、その年間売上高は、2748億6000万円に及ぶものである 17)。

　西武百貨店池袋店は、開店以来リフレッシュを重ねて今日に到ったわけであるが、その度重なるリフレッシュのなかで、1975年夏に終わる第9期リフレッシュ計画は、売場を広げたことによって当時日本一の百貨店となったということだけでなくて、「全館の売場構成、店舗環境、品揃え、さらに建物のもつ機能などあらゆる面を一新し、1980年代を予見する新しい百貨店を登場させた」というように評価されている。すなわち、椎塚武によれば、

池袋店は次のような特徴をもつようになったのである[18]。

(i)ライフスタイルに対応する「ゾーニング」をした。

(ii)商品政策において、①変化する生活様式に対応する価値ある商品の提供、②個性化・多様化する消費者に対応する幅広い商品の提供、さらに③増大する戦後生まれを中心に変化する価値観に対応した傾向商品の提供、すなわち、(A)顧客のライフスタイルに合わせたマーチャンダイジングの展開であるとともに、新しい生活の提案としてのマーチャンダイジングの展開、(B)単品志向からコーディネイト志向への転換による、楽しさ、美しさの提案、(C)ボリュームゾーンの商品群を主体とする商品構成からベターゾーンの強化をはかった商品群の強化、(D)専門店的な品揃え、が図られた。

(iii)販売政策において、ショッピングにおける安らぎの場、顧客とのふれあいの場の設置、さらに生活を演出した生活に役立つ情報を提供するという考え方がつらぬかれた

(iv)新しいショッピング空間としての街機能の追求が図られた

　そしてこの時、池袋店の美術館やインショップが開設された。続く第10期のリフレッシュでは、「池袋の街機能への提案と情報発信基地としての役割をもった売場づくり」が特徴的であるとされている。さらに第11期における食品館の開設等を経て今日に至るわけである[19]。こうした店のなかにおける街づくりが進展した結果、池袋という街については次のような川本三郎の評価も生まれることになった[20]。

　……池袋の中心は実はいまや東口でも西口でもなくそれ自身ひとつの町として急速に発展している西武（パルコを含む）である。
　池袋には「駅袋（えきぶくろ）」という言葉がある。池袋は西武デパートがあまりに町として充実しているために人の流れが駅とデパートでとまってしまい、町へと回遊しない。そのために町がいっこうに発展しない、と

いう池袋の悩みを的確にあらわしている言葉である。池袋で下車すること
はするが用事はすべて西武のなかですませてしまい、池袋の町へは出ない
という "駅袋の客" が日増しにふえているという。……

　西武は池袋のなかのもうひとつの町というより、池袋の町のほうが西武
にくっついた商店街という感じだ。……

　……薄利多売から専門店主義という21世紀の企業戦略が早くも池袋で
は実験されていてその点では池袋という町は "ダサイ" どころか激しく
"新しい" のである。

②渋谷とパルコ（街と店との一体化）

(1) 渋谷パルコについての1つの評価について

　西武百貨店とパルコは、これまで多くの論者たちの関心の対象となってき
たし、その経営戦略といわゆる文化戦略は、さまざまに評価されてきた。パ
ルコのなかでも、とりわけ渋谷パルコについての議論と評価のなかに、その
特徴が集中的にあらわされている。ここでは、消費者の支配という視点と
「都市と店舗との逆転」という視点とを持つ柏木博の渋谷パルコ評価につい
て見てみよう。

　柏木の渋谷パルコの評価は、主としてその広告戦略についてのものである
が、そのことは、パルコの経営形態からすると、その経営戦略が集中的に広
告戦略としてあらわれるということによるものである。柏木はパルコを評価
するにあたり、大正末期から昭和初期にかけての銀座における資生堂の広告
戦略とパルコのそれとの比較から始めている[21]。

　「資生堂」は銀座（当時としては都市の代名詞であった）全体を、自らの
広告イメージ（資生堂文化）で覆いつくすことを夢見ていた。銀座という
都市全体を「資生堂」の広告空間（虚構の空間）として装置化しようとし
ていたのである。そうした度はずれた構想を、いま「西武―パルコ」は都
市・渋谷において実現しようとしているのだ。つまり「パルコ」は、パル
コビルだけではなく、それをとり囲む周辺の空間をすべて、「パルコ」の

イメージに変化させているのだ。「パルコ」の店舗そのものの中にいても、その周辺を歩いていても、同質のイメージしかありはしないのである。

かって銀座資生堂が夢見、そしてなしとげることができなかったことを、いまやパルコがなしとげつつある。そのことを次のように言うこともできる[22]。

　　かつて1920-30年代の銀座において「資生堂」は自らの店舗を増殖させることで、銀座という街全体を「資生堂」の広告空間にしようとしたわけであるが、その時ですら、「資生堂」は街に従属していたのである。銀座という都市はすでに、当時にあっては、パリやニューヨークのキッチュとして虚構の空間と化しつつあったが、「資生堂」は、その虚構の空間に「従属」していたのである。だからこそ、その都市の"名"を商品名に使わざるをえなかったのだ。こうした点において、「資生堂」と「パルコ」は決定的に異なっているのである。「パルコ」は、周辺の店舗をとり込み、自らのイメージに染め上げ、都市全体を自らの広告空間にしてしまうことに成功したのだ。……渋谷という"現実"の都市はいまや「パルコ」といういえたいの知れない、「広告装置」としか呼ぶしかないようなシステムがつくり出す都市のイメージに従って、変化しているのである。「パルコ」のつくり出す都市のイメージが"現実"の都市を先取っているのだ。

パルコが「都市全体を自らの広告空間にしてしまうことに成功した」とするならば、店は街に従属しているのではなく、街が店に従属していることになる。渋谷とパルコとの関係は、このように「都市と店舗との逆転」として評価されるのである。柏木はさらに、この関係の一方を西武百貨店というように置き換えて、次のように議論を拡大する[23]。

　　こうした「パルコ」の都市戦略の「非暴力的暴力の構造」は、「西武百貨店」が実践している文化戦略の構造全体とまったく相同的（ホモロジッ

166

ク）なものである。ひとたび「西武百貨店」の文化を身に付けてしまった
瞬間から、わたしたちは「西武百貨店」に陳列されたあらゆる商品を、文
化の隠喩として限りなく消費しつづける、まさに奴隷となる。

「店舗が都市を支配する」あるいは「都市が店舗に従属する」という支配
のシステムが強力なものであると評価したうえで、つぎに柏木は、その支配
のシステムを維持するメカニズムを分析する[24]。

　「西武百貨店—とりわけパルコ」が渋谷という都市の中にあって、内部
と外部との区別を持たないという事実と、「パルコ」が小店舗の集合体に
よってできているという事実は、相互に無縁なことではない[25]。「西武百
貨店—パルコ」は過去に例がないほど、実に見事なまでに都市全体を自ら
の、広告装置と化し、外部を消滅させてしまった。通常、特定のシステム
が、他のシステムを持たず唯一の支配的システムとなり、そのシステムに
異化作用を起すもの（外部のシステム）を消滅させてしまうほど強大なも
のになってしまうと、そのシステムを変化させることがきわめて困難にな
る。フレキシビリティを持ちづらくなるということだ。フレキシビリティ
を持たない強大な支配システムというのは、強大なようでいてきわめても
ろく崩れやすいシステムである。「西武百貨店—パルコ」が、都市全体を
支配しうるような強大なシステムであることは間違いないのだが、だから
といってもろいシステムでもない。フレキシビリティを持ち得なくなる状
態というのは、あらゆる支配のシステムにとって具合の悪い状態であるこ
とは言うまでもないが、目に見えるような暴力によってそれを維持するこ
との不可能な「西武百貨店—パルコ」のような商業施設にとっては、それ
はたちまち自らの崩壊につながる。外部を持たないようなシステムは、シ
ステムを変化させるために、自らの内部に何らかの変化を起す“自立的”
かつ“自足的”な装置を必要とする。「パルコ」における「小店舗」こそ、
その“自立的”かつ“自足的”装置の機能を担っているのである。そして、
「西武百貨店—パルコ」の周辺に広がる店舗の群もまた、「西武百貨店—パ

ルコ」内部の小店舗と同じ機能を持ってしまっているのだ。それらの小店
舗群が引切りなしにイメージチェンジを計り続けることが、「西武百貨店
―パルコ」の都市における支配的システムに、フレキシビリティを与え、
そのシステムを維持させているのである。

　このように、この支配のシステムには、フレキシビリティが組み込まれて
いる。このシステムの下にある街に消費者は集まり、消費する。次のよう
に 26)。

　　「パルコ」が産み出した虚構の広告的空間は今日、わたしたちの消費を
　誘発すると同時に、その広告的空間そのものがわたしたちの消費の対象に
　なっているのである。……広告的空間は、現在のわたしたちにとって、楽
　し気な情報（虚構）の氾濫した空間であり、わたしたちはそれを自らすす
　んで消費しているのである。
　　わたしたちは「パルコ」が産み出した広告的空間（都市）を散策するこ
　とによって、パルコの文化を身に付け、とどのつまりは、自らの欲望を、
　「パルコ」の"文化"によって管理されつくされてしまう。

　以上に見てきた柏木のパルコ評価は、都市が消費者の集合であると見るこ
ともできることからしても、店舗に都市が従属するという意味での、都市と
店舗との逆転という主張に集約することができるだろう。この主張は、街づ
くりと大規模小売業との関係について、大規模小売業による街づくりという
とらえ方に、自然に接続するはずである。それでは、どのようにして、パル
コによる街づくりは行われたのだろうか。

⑵ 街づくり
　渋谷における街づくりを検討するにあたり、大規模小売業の出店の状況の
一端をあげてみよう。
　1967 年、東急百貨店本店 (開業)

1968 年、西武百貨店渋谷店

1973 年、パルコ・パート 1

1975 年、パルコ・パート 2

1976 年、パルコ・パート 3

これらの店が展開するなかで今日の渋谷ができあがっていったようである。福田純一によれば、パルコによる街づくりは、次のように理解されている[27]。

　渋谷の場合、西武百貨店の戦略で西武百貨店渋谷店とパルコの出店をきっかけにして街づくりが始まったが、この場合の「街づくり」は、結局、パルコから渋谷駅までの「道づくり」であった。公園通りからスペイン坂などに見られるように、店までの道をアピールしていく方法が、街づくりだったのである。これは、奥の院から交通の拠点までの道を明確に示していく方法で街づくりができるという、ひとつの例である。

福田は、このように「街づくり」＝「道づくり」という持論を主張しているのだが、その「道づくり」のためには、「奥の院」たる「パルコ」に、それだけの魅力がなくてはならない。ここで、われわれは、例の「パルコ・キャンペーン」を想い出すことになるだろう[28]。たとえば、さきに出てきた「公園通り」という名称自体が、パルコ・パート 1 が開店したときの「すれちがう人が美しい—渋谷公園通り」というコピーから出たものである。小林信彦は次のように語っている[29]。

　こうして、NHK、渋谷公会堂、パルコ・パート 2、パート 1、山手教会とつづく単なる坂道が、あたかも、なにかの文化地域のような錯覚をあたえるようになる。全共闘以後の、頭がカラッポで、ファッション感覚だけは人なみという《ヤング》にふさわしい、いかにも田舎者が考えそうな垢抜けないコピーと CM が、そうした《錯覚》を作り出した……

　……とりあえず、パルコの《文化戦略》が成功したのは、〈田舎者が考

える都会のイメージ〉を強引に押しすすめて、ためらわなかった点にある。

1 まちがっても洗練されないこと

2 羞恥心を持たぬこと

3 若者を煽てること

アートディレクターは、この３つをまとめて《新感覚》として前面に出し、パルコの映像やポスターに違和感をおぼえる若者は《遅れている》と決めつける──これが、その《戦略》の実体である。もっとも……《文化の香り》をちらつかせることも怠ってはいない。……

西武の進出に対抗するため、東急は東急ハンズや109を作り、渋谷はにわかに新宿を追い抜いた。……

気の毒なのは、道玄坂の商店街と百軒店で、いかに道頓堀劇場（ストリップ小屋）があるとはいえ、この方面への人の流れは殆ど無くなった。若い人の流れは、公園通りと東急本店通り、および、その中間の井ノ頭通りへと向い、井ノ頭通りからパルコ・パート１の脇に抜ける坂道が、いつのまにか、スペイン通りと呼ばれるようになった。

……戦前からの盛り場でもっとも変貌し、人の動く方向までが変わってしまったのは渋谷ではないか。しかも、これほど生活者の匂いを欠いた街も珍しい。不出来なデコレーション・ケーキのような街として原宿とならぶ存在だが、この人工性＝生活感のなさを《明るさ》と受けとめる世代が多いのも確かだ。

小林信彦の渋谷を語る言葉は激しいようであるが、その中に、パルコ・キャンペーンの効果、西武セゾン・グループと東急流通グループの競争のなかで渋谷がますます急速に変化したことが、端的に要約されている。もちろん、西武、東急に加えて、丸井を入れても差しつかえない[30]。パルコのイメージで渋谷の街ができあがり、諸資本の競争のなかで渋谷のイメージはますます確固たるものとして、他の街と差別化されたものとなり、その結果非常な消費者吸引力を保持することになっていまに至っているのである。

③つかしん（ショッピングセンターとしての街）

　尼崎市にある「つかしん」は、1985年9月の開業以来2年間を経たことになる。『日本経済新聞』に報じられている、この間の状況は次のようなものである³¹⁾。開業2年目の年間来街者数は約900万人で、1年目の約1,140万人に比べて約2割減少したことになる。平日2万人強、日祝日5万人強と「日祝日集中型」であることは1年目と同じである。

　来街交通手段は、電車（阪急、JR）18％（1年目は31％）に対し、自動車40％（同28％）であり、マイカーへの依存度が高まりつつある。駐車台数は1日平均で平日2500台（1年目は2010台）、日祝日5500台（同4550台）と増加した。ただし来街者の居住エリアは1年目とほとんど同じで、地元尼崎、伊丹市が50％、西宮、豊中市など周辺圏が36％、大阪、神戸市など遠隔圏が14％程度である。来街者の滞留時間は2時間半が一番多く「長時間型」である。西武セゾン・グループでは、集客力強化のために敷地の用途地域変更（現在、東半分が工業地域、西半分が住居地域であるが、これをすべて商業地域に変更するべく行政に働きかける）、ホテルなどの新しい施設整備を計画している。また、専門店テナントなど264店舗のうち、アパレルなど20店舗の内容や経営者がこの1年間に入れ替わっているが、「今後も必要に応じて入れ替わるのは活力維持のために望ましい」としている。

　「つかしん」が1985年9月に開業して半年ほど経た時期に、西洋環境開発シティクリエイト事業部計画部長の井上義信は、「つかしん」の街づくりについて報告している³²⁾。まず「つかしん」の立地条件であるが、阪急およびJRの最寄り駅から400〜500mの距離にあり、立地条件としては厳しいところに位置する約2万1000坪の街づくりプロジェクトであった。車で来るにしても、道路は渋滞がひどく、車でのアクセスも理想的というわけにはいかない。このような立地条件のところに、地主であるグンゼの紡績工場廃止に伴って、西武セゾン・グループがショッピングセンターを開発したのが「つかしん」であるということになる。

　「つかしん」は多様な施設からなるが、街づくりのコンセプトとしては次の5つがあげられている。

（i）開かれたまち

（ii）安全で安心なまち

（iii）疲れない、変化のあるまち（ブロックごとに独自なアイデアで設計）

（iv）分かりやすいまち（ヒューマンな心温まるまちに）

（v）にぎわいのあるまち（参加性のある、季節感のあるまちに）

　このように、井上は街づくりのコンセプトをあげたのち、開業半年経過の時点における「つかしん」の評価をいくつかあげている。すなわち、（i）若い層が先発し、次の世代が追いかけている、（ii）周囲の人に自分の生活圏としてなじんでもらうことが比較的早くすすんでいる、（iii）しかしまちの魅力としては、夜がなく、猥雑性がないということで、欠けている面がある、（iv）「つかしん」プロジェクトでは、ソフトが先行してハードが追いかけたということがある、そしてまた「つかしん」の魅力は結果的にオリジナルなものだったということがある、という自己評価を行っているのである。ここには、自己評価につきまとうゆがみもあるかもしれないが、街づくりにかかわる商人たちやコンサルタントたちの評価は、ほぼ一般的に高いといってもよいだろう。たとえば、和田茂穂は次のように述べている[33]。

　　最近の街づくりの“ヒット商品”は、世間の話題をさらった「つかしん」である。西武セゾン・グループが尼崎市塚口に開発したこの新しい街は、今日の生活者が街に求めるさまざまな要素・機能をワンセットにして、街のかたち（ハード）と中味（ソフト）に仕立てたものである。人々はここを訪れて、街の楽しさ、快適さ、便利さ、そして感性や洗練といったものを発見することになる。

　次に、柏木博による「つかしん」評価をあげよう。柏木は、現代においては「すべてが広告のセットのように虚構と現実との区別がつかなくなっている」、「都市そのものが商品としてデザインされている」とみているが、「つかしん」については次のように述べている[34]。

　「つかしん」の場合、かつての巨大商業施設と異なって、1つの巨大な建物にまとめてしまうのではなく、様々のデザインのバリエーションを見せる建物を集合させている。ペンション風の建物やレンガの古風な建物、そして、かつての横丁のような、「のみや横丁」まである。いってみれば、セットのような空間であり、またディズニーランドのような空間だともいえる。……

　わたしたち大衆が、過剰なまでに室内のデザインにこだわりを持っていることと、一方で「つかしん」のような商業施設が出てくることと、目に見えない電子テクノロジーによってわたしたちの生活がきめ細かくソフトに管理されつつあることは、おそらく相互に無縁ではなく、かつて、19世紀のパリに始まった消費社会（管理社会）が、けたはずれの規模と深さを持って、実現しているのだといえないだろうか。

　柏木の評価は、現代の消費社会における管理を象徴するものとして「つかしん」をとらえているものである。最後に、田中直毅の発言を聞こう[35]。

　街づくりのなかには、従来西武セゾングループが持っていた諸分野が、もちろん収納されている。百貨店、量販店、不動産・観光、外食・サービス、クレジット、航空・物流、保険などである。こうした諸業務は、消費者との永年の接触のなかで、ひとつひとつ独立して営まれてきたが、これが街づくりのなかでその位置を得ることになった。

4. 大規模小売業と街づくり

　すでにみてきたように、街づくりは、地域活性化の動向と深く結びついている。低成長経済下における諸産業のスクラップ・アンド・ビルドのすすむなかで、地域の不均等発展がすすみ、さまざまな部面における地域間競争が激化しつつあるということは、街づくりの流行の背景としてあるだろう。その地域の不均等発展と地域間競争の激化を、商業にかかわらせてみるとき、

街レベルの競争が、そして商業集積間の競争が登場する。これらは、小売商業による街づくりの背景にあって、小売商業に対して街づくりに取り組まなくてはならないように強制する役割を果たしているといってもよいだろう。小売商業が立地産業であり、消費者が街に集まることを期待せざるをえない以上、小売商業は街づくりに、そして街の魅力の創造にとりくまなくてはならないのである。

　すでにみてきたが、西武セゾン・グループによる街づくりは、大規模小売業がいまや街の魅力を創造できるということを示すものであったといってもよいだろう。高度成長期以来の各地での、商店街対大型店の対抗についてのほとんどすべての経験は、商店街の衰退と大型店の繁栄となって結着したというのは言いすぎだろうか。大型店に対する出店反対運動の結果、大型店は、従来からある中心街（商店街）と離れた所に出店、立地するようになったとすれば、大都市か地方かを問わず従来からの中心街の衰退が生じたと考えてもよいだろう。反対に、ある商店街がその中に大型店を含んでいるとき、その商店街は、大型店を含まない商店街の場合よりも集客力を増加させて、一定の優位に立つことができる。このようにして、大規模小売業がある種の市場支配力をもっていること、そうであるがゆえに、街の魅力を創造できるということを誰であっても否定しにくいこととなってきている。

　こうして、大規模小売業による街づくりへの意識的な取り組みが明確な効果を生むとするならば、その効果は消費者あるいは生活者に対する有効な影響力の行使によるものである。地方、消費の変化に相対的自律性を認めるとするならば、消費の変化のなかには、大規模小売業の意識的な努力のなかですでにとりこまれているものと、それからはみ出ているものとがあると考えてもよいだろう。そのはみ出ている部分をとりこんでいこうとする際限のない努力のなかで、大規模小売業による意識的なとりくみの明確な効果が保証されていくことになるのだろう。西武セゾン・グループの街づくりのなかでみたような、大規模小売業による「ソフト」な対応は、そのような努力の1つの例であるとも考えることができる。このようななかで、大規模小売業による地域支配が発展していくことになる。

1）見田宗介『白いお城と花咲く野原——現代日本の思想の全景』朝日新聞社、1987年、196～200ページ。

2）『世界』1986年7月号、「特集東京論ブームの裏側」。

3）稲垣武「東京は美しいですか」、『Voice』昭和62年10月号、112～113ページ。

4）井尻千男「『美しい街並』の設計」、『Voice』同上、100～103ページ。

5）街づくり研究委員会『マニュアル自治体の街づくり』ぎょうせい、1987年、1～2ページ。

6）同上書、2ページ。

7）同上書、1ページ。

8）同上書、159ページ以下。

9）通商産業省編『80年代の流通産業ビジョン』通商産業調査会、1984年、9～10ページ。

10）同上書、10～11ページ。

11）通商産業省産業政策局商政課編『豊かさの構築　流通産業』通商産業調査会、1987年、25～27ページ。

12）坂和章平・中井康之・岡村泰郎『岐路に立つ都市再開発』都市文化社、1987年。以下この節の叙述は、同書、24～29ページによる。

13）同上書、71ページ。

14）同上書、71～72ページ。

15）和田茂穂『小売業の街づくり戦略』中央経済社、1987年、18～22ページ。

16）西武セゾン・グループによる街づくり構想の例として、有楽町マリオンも扱うべきであるが、ここでは省略した。西武百貨店池袋コミュニティ・カレッジ、流通産業研究所編『有楽町「マリオン現象」を解く』ダイヤモンド社、1985年、参照。

17）『流通会社年鑑』1987年版、日本経済新聞社、1986年、27ページ。

18）椎塚武『西武流通集団』ダイヤモンド社、1983年、69～74ページ。

19）同上書、75ページ。

20）川本三郎『雑踏の社会学』ちくま文庫、1987年、90～92ページ（元来は、1984年に刊）。

21）柏木博『道具の政治学』冬樹社、1985年、142ページ。

22）同上書、144～145ページ。

23）同上書、145ページ。

24）同上書、146～147ページ。

25）堤清二『変革の透視図』改訂新版、トレヴィル、1985年、303ページの「中小企業の連合体的な組織形態」の言及に注意すること。

26）柏木博、前掲書、147ページ。

27）福田純一「成功する街づくりの方法」、西武百貨店池袋コミュニティ・カレッジ、流通産業研究所論『街づくりプロデュースの方法』ダイヤモンド社、1986年、83ページ。

28）月刊『アクロス』編集室編『パルコの宣伝戦略』パルコ出版、1984 年、参照。

29）小林信彦『私説東京繁盛記』中央公論社、1984 年、148 〜 150 ページ。

30）東京マーケティング研究会『「ハンズ現象」』エム・アイ・エー、1986 年、参照。

31）『日本経済新聞』1987 年 9 月 27 日。

32）井上義信、「民活、尼崎「つかしん」のまちづくり」、地方自治経営学会編『新地方
　　自治経営シリーズ 2 地域活性化への挑戦』ぎょうせい、1986 年、176 〜 196 ページ。

33）和田茂穂、前掲書、2 ページ。

34）柏木博『NHK 市民大学現代デザインの源流』日本放送出版協会、1987 年、148 〜
　　149 ページ。

35）田中直毅『手ざわりのメディアを求めて』毎日新聞社、1986 年、354 〜 355 ページ。

9 現代の消費と流通産業

　ここでは、わが国の最近の消費と流通産業の経営戦略に関するいくつかの視点が、その代表的な議論を引用することによって、示される。

㊎㋫と現代の消費

　少し前に、㊎㋫という言葉が流行した。この㊎㋫は、最近の消費をめぐる議論の一面をあざやかに象徴する。早速引用しよう。

　　皆さんの周りには、外から見ただけで明らかにお㊎持の人と㋫ンボーの人がいることと思います。
　　これはなぜでしょうか。（略）
　　㊎の強味は、お金が余って幸福なので、いつもニコニコしていることです。その結果、彼は善人に見えるので他人から好かれ、他の多くの㊎仲間が合体して、よりいっそう㊎の地位を固めていきます。
　　一方㋫の弱味は、㋫も㊎になりたいと願ってしまうことです。高級インスタントコーヒー。日やけサロン。原宿竹下通りで家内製手工業で生産されたコム　デ　ギャルソンのようなもの。㋫の憧れを逆手にとった気分は、㊎のグッズは、世の中にあふれています。その結果、㋫への道を盲進してしまうのです。
　　さて、やっかいなのは、一度歩み始めた㊎と㋫のコースは、なかなか変更できないことです。
　　かつての㋫は、健気な庶民としてやりくりをつけ、清く正しく生きていたものを、現代では見栄の㋫がノーマルになり、自覚がなくなってしまっ

たからです。(『金塊巻』2〜3ページ)

　このような㊎㋫の定義から始まる『金塊巻』は、「現代人気職業31の金持ビンボー人の表層と力と構造」を明らかにするものとうたわれているが、しばらく以前からの「9割中流化論」あるいは「1億総中流化論」の行き着いたところに生まれてきた議論である。㊎㋫論に「階層消費」論を加えてもよい。わが国の最近の中流化をめぐる議論は、その「成熟化」＝「水平的個性化」か、それとも「分解」＝「垂直的階層化」か、という2類型に集約される（湯浅良雄「『中流意識成熟化』論の虚構をつく」『経済』1986年2月号、71ページ）が、このことは、最近の消費をいかにとらえるかという問題に直結する。

　そこで、最近のわが国の消費をめぐる状況を説明する、ある主張を引用する。

　最近のマーケティング論が客観的に解決しようとした課題は、家計の窮迫からくる消費の停滞のもとで、いかに商品の販売を促進するかである。このため市場の構造や労働者の潜在的欲望までもが詳細に分析され、「感性型商品」や「理性型商品」の開発が提唱されてきた。消費の階層化を主張した小沢氏の場合においても、その実践的結論は、「好みの多様化」と「購買力の多様化」によって急速に進む市場の細分化にたいし、きめの細かい製品開発と市場戦略の提唱である。しかし、いまや消費者の多数を構成するのは彼らの言うところの「ニュープアー」であり、このため「ニュープアー」こそが「分衆のリーダー」として持ち上げられ、したがって、高価な住宅の購入をあきらめ民間借家に住み始めた彼らにたいし、つぎからつぎへと目先を変えた新製品の押し付け販売がおこなわれているというのが、最近の特徴である。(前掲湯浅良雄論文、73ページ)

　ここでは、最近の消費の特徴が、あるいは消費の個性化・多様化が、低成長経済のもとでの労働者の賃金の抑制にもとづく「家計の窮迫からくる消費

の停滞」とそこにおける企業のマーケティング努力から説明されている。賃金の抑制により、また消費の停滞により、消費の個性化・多様化が生まれる。他方、消費の停滞下での企業による市場細分化と標的市場に対するきめ細かなマーケティングは、ニーズをウォンツ[1]となすことにより、消費の個性化・多様化を生む。換言すれば、消費の個性化・多様化とは、消費者あるいは消費市場自体の個性化・多様化と企業のマーケティング努力の個性化・多様化という２つの構成要素の合成物であるとも言えよう。

　しかしながら、現代の消費を語る際、低成長下の消費の停滞という視角は、現代の消費のすべての特徴を説明しうるものであろうか。あわせて、豊かな社会的状況における消費という問題も考えてみる必要がある。現代のわが国では、低成長経済と豊かな社会的状況とが共存しているからである。この点、さきに述べた中流化の２類型の「成熟化」の問題にもかかわると思われる。そこで、つぎに代表的流通産業の経営者である堤清二氏を引用しよう。

現代の消費と流通産業の経営理念

　あまりにも長い間、生産主導・生産優位の時代が続いてきたために、われわれはじつのところ「人間の消費」という問題について無知でありすぎたことを大いに反省する必要がある。市場が未成熟の時代は生産主導でも流通させることができた。しかしながら今日のように市場がある一面では成熟化、飽和化した状態のもとでは、もはや「生産の論理」で市場を動かすことは不可能になっている。生産者も流通業者もともに「生活の論理」の側から発想しないと、消費者の欲求に合った商品をつくることができないし、売ることができなくなってしまったのである。

　「消費不振」ということが多くの産業人にとっては、あたかも構造的なものであるように映るのであるが、はたして本当にそうであろうか。「家計調査報告」の消費支出の伸び率はそれほど悪いわけではないし、流通・サービス業の分野をよく見てみると、コンビニエンスストア、無店舗販売、外食産業、宅配・引越サービス業などの新勢力の伸びが著しい。にもかか

180

わらずモノが売れないという現実があることも事実である。消費者の考える生活目標が、従来のように単純な「物的充足」にだけあるのではなく、「精神充足」といった拡がりを見せ、その結果、消費の内容および消費者の行動様式が根本的に変わってきたことがその背景にあるのである。……

　消費者の購買意思決定が何を基準になされるかは時代とともに変化してきたわけだが、現在、もっとも支持率の高い意見は、「好きか嫌いか」という判断基準である。こういう物差しをもった消費者に対して、いくら生産の論理でプッシュしても無意味である。(堤清二「変革の透視図　改訂新版」206 ～ 207 ページ)

このように堤氏は「生産の論理」に「生活の論理」を対置されており、さらにつぎのようにも言われる。

　マルクスが資本論を書いた時代、理論的抽象の操作として、消費を労働力の再生産過程と規定したことは、おそらく現実とそれほど異ってはいない概念化と言えたのであったろう。しかし、その際でも、天才マルクスは消費を、本来、人間の個性的な生活過程、と指摘することを忘れなかった。そして今日、豊かな社会が一部の国々においては成立し、再生産過程に必要である以上の生産物を人々が消費できるようになった時、そこでは消費の「個性的な生活過程」としての性格が経済学の問題として登場してきているのではないだろうか。(同上書、310 ページ)

それでは、流通産業はどういう位置にあり、どういう本質をもつものなのか。

流通という産業部門が、生産物＝商品を消費者ないしユーザーの手に渡す機能を持っていること、すなわち、流通過程の終る時点で、商品は交換価値から使用価値に転化する、そういう場所に流通業は位置している……。別の表現を使えば、資本の論理と人間の論理の境界に位置している産業な

のであった。「暗黒大陸」と呼ばれたのは、近代化の光が及ばない、という意味で暗黒とよばれたのであったろうが、より深くは、資本の論理だけでは解明しにくい本質を備えている、という意味で「暗黒」と言われたのではなかったか……。もしそうだとすれば、この暗黒性は、払拭されるべき、恥ずべき暗黒性ではなく、誇るべき、固有の性格としての暗黒性ではなかったのか。誰が資本の論理のみを明るさと規定したのか、と考えてゆけば、流通小売り業の問題を解明してゆく上では、市場経済を自明の公理とする立場からも自由になった視点が必要のように思われてくるのであった。（同上書、309 ページ）

つまり、流通産業は資本の論理と人間の論理の境界に位置する、本質的に「マージナルな産業」なのである。（同上書、301 ページ）

流通産業の基本的な矛盾は、企業主体として考えると、本質的に反独占的な性格をもちながら、競争していくうえではビッグ・ビジネスになっていかねばならないという、資本制生産様式のなかにおける自己矛盾でもある。資本制生産様式のなかで流通企業として活動していくためには、もちろん競争に勝たねばならない。しかし、流通産業そのものは本質的に反独占の姿勢を失ってはならない。それゆえ流通産業の新しいビッグ・ビジネス化のためには、経営学の面からみても、中小企業の連合的な組織形態の採用が検討されなければならないだろう。（同上書、303 ページ）

　流通産業の位置についての堤氏の主張は正しい。しかし、現実の流通産業が上述のようなものであるかどうかは別問題である。一口に流通産業といっても、その内実は多様であり、個々の流通産業に対する具体的な分析が必要である。にもかかわらず、上述の理念が魅力を持っていることも確かである。

流通産業と情報化

　もし流通産業が「生活の論理」に立脚するものであるならば、流通産業は消費を正確につかまなければならない。そのための武器となるものが、情報

化である。またも堤氏から引用しよう。

　エレクトロニクスの発展がもたらす新しい情報処理システムの出現とネットワークの形成は、おそらく現在予想されているのとは異った形で、流通に大きな影響を及ぼすであろう。というのは、ホームショッピングとか、ＣＡＴＶの普及の予想は、新しい技術の側からの市場への接近の試みなのであって、それらの新しい技術を市場の側がどう受け容れるかについては、まだ何の結論も出ていないのだから。そうではなくて、市場の情報の迅速な処理と厖大な顧客情報の分析の可能性の増大が、企業の側からの市場への新しい接近を可能にすると思われるからである。その場合、消費は何だったのか、ということへの回答が、のっぴきならない形で消費者から投げ返されてくるはずである。そのなかには、消費という行動が本来持っている本質の現れと、新しい時代の新しい消費者の反応とが分ち難く絡まっているに違いない。（同上書、312ページ）

　さて、情報化はどのような消費の特徴を知らせてくれるのであろうか。現代の消費の一面を示すものとして、冒頭の引用の一部を再び引用しよう。

　かつての㋪は、健気な庶民としてやりくりをつけ、清く正しく生きていたものを、現代では見栄の㋪がノーマルになり、自覚がなくなってしまった……。その結果、㋪はやりくりが苦しくなってますます㋪への道を盲進してしまうのです。

　ここには、消費が多くの要素によって規定されるものであるということの一例がユーモラスに、シニカルに示されている。情報化により、現代の消費を正確に迅速につかむということは、果たして流通産業のいかなる経営戦略を生むものであろうか。

　1）人間のニーズとは、ある人の感じた欠乏状態であり、人間のウォンツ（欲求）とは、
　　ある人のもつ固有の文化や、個人の育ってきた段階によって形づくられるニーズの表
　　現である。（コトラー『マーケティング原理』邦訳書、14〜15ページ）

参考文献

渡辺和博ほか『金塊巻』主婦の友社、1984 年。

渡辺和博ほか『金塊巻の謎』主婦の友社、1985 年。

小沢雅子『新「階層消費」の時代』日本経済新聞社、1985 年。

博報堂生活総合研究所編『「分衆」の誕生』日本経済新聞社、1985 年。

堤清二『変革の透視図　改訂新版』トレヴィル、1985 年。

湯浅良雄「『中流意識成熟化』論の虚構をつく」『経済』1986 年 2 月号、所収。

Ｐ.コトラー（和田充夫・上原征彦訳）『マーケティング原理』ダイヤモンド社、1983 年。

d

*

流通支配の動揺

10
加工食品

1　1980 年代の食料品製造業

その地位と構造的特徴

　加工食品とは、生鮮食品に何らかの加工がほどこされたものであり、その加工をほどこす工業が食料品製造業である。通産省の『工業統計表（産業編）』によると、1985 年の食料品製造業[1] の事業所数は 8 万（80 年に比べると 97 ％）、従業者数 120 万人（同 104 ％）、出荷額 28 兆円（同 124 ％）となっている。その全製造業に占める地位は、事業所数 10.7 ％（80 年 11.2 ％）、従業者数 10.4 ％（同 10.6 ％）、出荷額 10.4 ％（同 10.5 ％）であった。この出荷額は、電気機械器具製造業 41 兆円、輸送用機械器具製造業 36 兆円につぐものであった。このように 85 年の食料品製造業は、全製造業の 1 割を占めており、80 年水準と比べたとき、事業所数の減少はあるものの、全製造業とほぼ同じ推移を示している。

　食料品製造業は、つぎのような構造的特徴をもっている[2]。

①業種の多様性

　1985 年の出荷額 28 兆円のうち、業種別構成をみると、飲料 17 ％、畜産食料品 16 ％、パン・菓子 13 ％、水産食料品 13 ％、精穀・製粉 6 ％、飼料・有機質飼料 5 ％、調味料 5 ％、動植物油脂 4 ％、農産保存食料品 3 ％、砂糖 2 ％、その他 15 ％となっている。80 年の構成比とくらべると、その他の伸びがいちじるしく、精穀・製粉や畜産食料品も伸びているのにたいして、砂糖や飼料・有機質飼料は大幅に減少し、パン・菓子も減少している。これらのなかには、主として他の業種に原材料を供給する部門から、消費者に最終消費財を提供する部門にいたる、多種多様の業種が含まれている。このうち

前者を基礎素材型、後者を加工型とよぶと、構成比でみて基礎素材型の減少と加工型の増加は傾向的なものである。

②大企業と中小企業の併存

従業者300人以上を大企業、299人以下を中小企業とよぶと、食料品製造業の中小企業比率は、全製造業にくらべて、大幅に高い。1981年の販売額でみると、全製造業の中小企業比率が36％であるのにたいして、食料品製造業では55％であった。高度成長期以来70年代後半にいたる中小企業比率の低下は、80年代に入って反転を示している。とはいえ、製品ごとの企業集中度は高まる傾向を示しており、従来は中小企業性がつよいとみられていた品目のなかにも、集中度の高まっているものがみられる。

③高い原材料費比率

1984年には全製造業（従業者30人以上の事業所）の原材料費比率54.4％にたいして、食料品製造業では63.0％であった。原材料のうちの多くは輸入原材料であるので、80年代における円高による為替レートの変動や、異常気象等による世界的農産物需給不安と国際農産物市況の動揺は、原材料費比率の変動（この間は低下）に影響をあたえるとともに、食品メーカーの経営業績にも影響している。

加工食品における集中度の高さ

産業レベルから製品レベルに目を向けたとき、この分野におけるもっともきわだった特徴が浮かび上がってくる。それは、加工食品における集中度の高さである。すなわち、加工食品の分野では、個々の商品の市場分野において概して首位企業の生産・販売の集中度が高く、典型的な寡占種目が数多く存在するということである。1987年について、いくつかの例をあげてみよう[3]。首位企業のシェアが80％を越えるものには、濃厚乳性飲料（白物）（カルピス食品工業91.7％）、コーラ（日本コカコーラ91.1％）、即席お吸いもの（永谷園86.2％）、果実着色炭酸飲料（日本コカコーラ80.6％）がある。70％を越えるものには、お茶漬けの素（永谷園78.7％）、ポン酢（中埜酢店73.0％）、ウィスキー（サントリー71.6％）があり、そして60％を越えるも

のには、インスタントコーヒー（ネッスル 67.5 ％）、インスタントスープ（味の素 65.4 ％）、マヨネーズ（キューピー 64.5 ％）、インスタントカレー（ハウス食品工業 62.7 ％）、ツナ缶（はごろもフーズ 61.4 ％）、即席デザート（ハウス食品工業 60.6 ％）、複合調味料（味の素 60.5 ％）、海苔佃煮（桃屋 60.4 ％）、トマトケチャップ（カゴメ 60.2 ％）などがある（50 ％台以下は省略）。

　加工食品の分野において、製品ごとの集中度は多様であり、もちろん清酒や味噌に代表されるような集中度のきわめて低いものも多数存在している。しかし、すでにあげたような、きわめて高い首位企業シェアを示す市場の多いことが、加工食品の産業組織をめぐる最大の問題として従来考えられてきたわけである。加工食品の生産については、それほどたいした規模の経済があるわけではない。にもかかわらず、このような首位企業の集中度の高さを、どう説明すべきか、という問いにたいしては、「食品特有の規模の有利性」から説明されてきた。たとえば、今井賢一は、つぎのようにいう[4]。

　①消費者は食品の質について敏感であるが、しかしその質を本格的に判定することができず、メーカーが名のとおった大企業であるか否かという点から判断するため、大企業ほど有利な立場に立つ可能性がつよく、またよく売れる製品ほど流通段階に滞貨している期間が短いため、新鮮さ＝味の良さを失わず、さらによく売れる結果となる。このような食品の特性に由来する規模の有利性が大企業のシェアを高める。

　②このような規模の有利性をさらに規定している実質的な要因は、主として消費者が消費経験をつうじて銘柄選好を強化していく過程に依存する。すなわち、繰りかえし消費される商品のばあいには（加工食品はそうだが）、市場状況に基本的な変化がないかぎり、確率現象として、評判の良い首位企業銘柄のシェアが高く維持されることになる。このことは、反復購買の理論として知られている。

　③ただし、このような規模の有利性が現実の市場でどの程度発揮されるかは、市場の経済的条件に依存する。その条件の第 1 は、メーカーによる流通の系列化である。食品のように実際に消費しつつ、その経験のなかか

190

ら銘柄選好が定まってくる経験財のばあいには、探索財のばあいとことなり、すでに既存の製品にある程度まで満足しているのだから、実際に小売店に品揃えされていなければ、消費者はわざわざ探しまわってまで他の銘柄を買うということはしないし、また、好評な新銘柄であってもそのつぎに行ってみたら同じ品がすでに置いてなかったというのでは、ついにその選好が強化されることなく終わってしまう。したがって、既存の製品による流通支配がつよく、新製品が多少とも不利な扱いをうけるようであれば、新銘柄への推移はおこらない。その第2は、メーカーの広告を中心とした販売促進活動であり、これがさきにふれた確率的過程を加速する。ただし、加工食品のように繰りかえし消費される経験材のばあいには、広告の力だけで説得し、消費者を引きつけておくことは困難であり、広告の説得的効果は無視できない影響をもつものの、一時的なものにとどまる確率も高い。したがって、加工食品において特定銘柄への選好が持続しているとすれば、消費者はある程度までその銘柄に実質的な満足を味わっているのである。あるいは大企業製品だということで、みずからは確認しがたい品質の保証をえているのであろう。そのようなとき、消費者との結びつきを確認しえたメーカーは、高価格が品質の保証になる可能性がつよいので、安んじて価格を上げうるばあいが多く、またプライスリーダーシップも容易になりたつことになる。こうして食品における市場シェアと高価格が相互促進的に加速されていく。

　今井賢一は以上のように「食品特有の規模の有利性」を説明し、加工食品の分野で競争が促進され市場のパフォーマンスを高めるための対抗力の役割に期待する。価格競争におけるスーパーと品質競争における生協などに対抗力としての期待をかけるわけである。

　集中と変動
　以上にのべたような加工食品における寡占化の進展の説明は、通説的なものとなっているといってもよいだろう。ただし、それにたいしては、その後

の低成長期におけるさまざまの環境変化のなかで、一定の限定があたえられる必要があると考えられるようになってきた。業種間・企業間の競争が激化するとともに、消費者の購買行動においても、対抗力の発展の水準においても、メーカーのマーケティングにおいても、かなりの変化が生まれてきたからである。さきの説明においては、寡占化あるいは集中化の側面に照準があわせられていたので、変動の側面についてはほとんどふれられなかった。ここでは変動の側面についてみることにしよう。

　表1は、1973年に首位企業が60％のシェアを占めていた製品について、73年の首位企業とそのシェア、そして87年のシェアを示したものである。分類がことなって製品が一致しないばあいには比較的近いと考えられるものをあげておいた。73年と87年のあいだには相当のシェアの変動がみられる。シェアが上昇したものは少なく、減少したものが多い。これらの低下品目のなかには、加工食品における代表的な寡占品目と考えられてきたものが、いくつも含まれている。ここにあげられた品目の市場は、すでに成熟段階にある。製品ライフサイクルの成熟段階においては、下位企業の撤退もはじまって首位企業のシェアはより高まるばあいがある。濃厚乳性飲料（白物）と

表1　首位企業のマーケット・シェア

製　　品	会社名	シェア（％） 1973年	1987年
家庭用グルタミン酸ソーダ	味　の　素	90	60.5 複合調味料
コーラ飲料	コカコーラ	80	91.1
乳酸飲料	カルピス食品工業	80	91.7 濃厚乳性飲料（白物）
特級ウィスキー	サントリー	76	71.6 ウィスキー
インスタント・コーヒー	ネッスル日本	75	67.5
マヨネーズ	キューピー	70	64.5
トマトケチャップ	カゴメ	70	60.2
クリーミーパウダー	森永乳業	65	48.5
チーズ	雪印乳業	63	53.3
ビール	キリンビール	62	59.0
チューインガム	ロッテ	60	54.1

（出所）今井賢一『現代産業組織』岩波書店、1976年、206ページ。ただし1987年については、『日本マーケットシェア事典（1988年版）』矢野経済研究所、1988年、による。

コーラはこれに該当するだろう。他方成熟市場において、はげしい競争が展開されるばあいがある。その際新規参入による競争激化もあれば、既存企業間の競争激化もある。

このような例としては、最近のビールにおけるシェア争いが代表的なものである[5]。ビールはキリンビールを首位企業とする典型的なガリバー型寡占市場であるといわれてきた。そこでは従来、コンマ以下といわれるシェア争いがおこなわれてきたのだが、その常識が、87年3月に発売されたアサヒビールの「スーパードライ」によって、うち破られてしまったのである。「スーパードライ」の爆発的な売れ行きにより、アサヒビールの市場シェアは、それ以前の9.8％から87年には12.9％となり88年には20.8％にまで拡大した。他方、首位のキリンビールは87年には57.0％となり、88年には50.5％にまで縮小した。従来第2位のシェアであったサッポロビールは、87年20.5％から88年19.8％にシェアを縮小させ、アサヒビールと順位が入れかわった。そしてサントリーも、87年9.6％から88年8.9％に低下した。4社の合計が100％であることは変わらないが（ただし、沖縄のオリオンビールはのぞく）、寡占企業間における企業間格差は縮小し、それによりハーフィンダール指数は、84年の4267から、87年の3928、88年の3454に低下した。ビール市場はすでに成熟段階にあると考えられていたが、そこに新製品が投入され、競争が展開されるなかで、市場の規模も一定の拡大を示し、企業ごとのシェアは大幅に変動した。この例にみられるような変化は今日のシェアをめぐる競争の帰結として象徴的なものである。

市場における集中と寡占化は、加工食品の分野において傾向的にすすみつつある。しかし、その集中と寡占化はかならずしも競争を抑制することにはならない。典型的な寡占市場においても、さきにみたような変動が生まれることがある。また、企業単位でみると製品ポートフォリオを変動させつつ多角化をすすめる企業がふえることによって、企業間の競争は激化していく。

流通系列化と広告に代表される加工食品メーカーのマーケティングは、今井賢一によれば、食品特有の規模の有利性の具体化レベルを規定するものであり、マーケティングの展開は寡占化を促進する結果になると考えられてい

た。しかし今日では、それにくわえて、かぎりなく変化しつつある市場を
マーケティングによる組織化によって切りとっていく過程の側面が浮上して
いると考えられる。加工食品におけるマーケティングの役割は以前にもまし
て高まっているようである。

2　食品市場の成熟化

　1980年代において、食料品製造業の出荷額の伸びは、全製造業なみのも
のであった。低成長経済に入って以来のわが国の経済は、低い成長率のもと
で、産業再編成がすすめられてきたのであるが、食料品製造業の内部でも、
低い成長のもとではげしいスクラップ・アンド・ビルドがすすめられてきた。
ただし、食料品製造業が主として内需型の産業であることからすると、国内
の食品市場の成熟化のもとでの再編成であったと考えられる。

　総務庁『家計調査年報』によって、非農家世帯の1世帯当り食料支出をみ
ると[6]、1972年から87年にかけて食料支出の対前年実質増加率が1％を超
えたのは、72年（3.5％）、73年（1.0％）、82年（1.3％）の3年だけである。
そして80年代に入ると、増加率はほとんどマイナスとなり、プラスを示し
ているのは、80年0.6％、82年1.3％、86年0.2％のみであった。80年代
において、1世帯当りの実質食料消費が減少したことは間違いない。この
『調査』において、80年から87年にかけて、世帯人員が3.82人から3.67
人に減少していることは、1世帯当りの実質食料消費の減少に影響をあたえ
ているには違いないとしても、食料消費が成熟化の段階にあることはたしか
である。

　このような成熟化のなかには、かなりの変動がふくまれている。1世帯当
りの品目ごとの食品消費支出をみると、かなりのバラつきがふくまれている。
対前年実質増加率でみると、80年代において、穀類の消費は期間をとおし
て減少している。肉類の消費も停滞している。油脂・調味料は減少傾向であ
る。菓子類も停滞している。調理食品は増加傾向にあり、なかでも最近の主
食的調理食品の増加はいちじるしい。飲料は停滞しているが、なかではコー

ヒーの増加は傾向的なものである。酒類は、80年から85年にかけて減少したが、86年からプラスに転じている。外食は増加傾向である。

　以上のうちで明白な増加傾向を示しているのは、調理食品と外食（学校給食はのぞく）であり、逆に明白な減少傾向を示しているのは、穀類、油脂・調味料である。あとはそれらの中間にある。このような変動のなかに、食生活における消費の変化が反映されているはずである。それにより、食料品製造業内で構造変化がおしすすめられていく。この構造変化は、食料品製造業の業種間・企業間の競争をつうじて、ひきおこされることになる。

3　マーケティングの展開

新製品開発

　食料品製造業においては、業種間・企業間の競争がはげしく展開されているが、その競争のはげしさを示すのは、1985年ごろには年間4000種にものぼったといわれる新製品の発売である[7]。たとえば味の素1社だけでも、85年以来200種の新製品を発売している。新製品といわれるものの多くは、包装を変えたり、容量を細分化したり、中身にちょっとしたバラエティをつけた程度のものである。これら新製品の市場定着率は約20％前後だといわれており、残りの約80％が1回ないしは1シーズンの発売で消えてしまうものである。加工食品の分野では、既存の製品ラインに限定するばあい、いくら販売に努力をはらったとしても、企業の売上高は年間5％程度減るといわれていることからすると、企業にとって新製品の発売は、市場防衛のためにも必要である。それはまた、既存の商品だけではとらえきれなくなった消費者をとらえるための努力でもある。

　その際、対象とする消費者の想定や新たな需要への対応のパターンには、1980年代の前半において、つぎのようなものがあった。①従来の量産品では消費者は満足しなくなった。消費者の食生活における個性化・多様化にたいしては、きめ細かいセグメンテーションと多種少量生産が必要である。②消費者は従来の量産品の経済性のみの遊びのなさに不満を感じている。この

場合、量産品の中味ではなく包装・デザインを消費の TPO に応じてファッション化することによって、消費者にアピールしようとする。この代表例としては、サントリー・ビールのペンギン缶がすぐに想起される。③従来商品のマンネリ化による欠点をバラエティを付加することによってカバーしようとするもの。④地方特産品としての加工食品開発。量産品にあきた消費者に郷土色豊かな製品をアピールしようとするもの。

　このようにしてさまざまの加工食品が登場した。加工食品の既存分野においてはげしい競争が展開されている。たとえば、酒の分野においてウィスキーが停滞したかと思うと（とくにサントリーのオールド出荷額の大幅減少に代表される）、焼酎の伸びがブーム化し、それが終わると、先述したようにビールにおいてアサヒビールの「スーパードライ」が新たなブームをひきおこして、典型的な寡占市場に大きな変動をあたえた。また、近年健康食品や自然食品が、量産化した加工食品や農産物の弱点をつくことによって、消費者の健康志向と自然願望にアピールして急速に伸びてきた。さらに、従来加工食品とは考えられなかった商品が、加工食品として出現し新分野を開きつつある。たとえば、持ち帰り弁当や惣菜である。また、新製品としての本格化は今後の課題であるが、バイオテクノロジーへの食品分野からの進出もすすみつつある。このように、1980 年代の後半においては、製品の中味にもかかわる加工食品の新製品化が以前より増加してきたと考えられる。

製品差別化と広告

　加工食品のマーケティングを特徴づけるものは、食品における広告費支出の高さである[8]。1987 年の総広告費 4 兆円のうち、マスコミ 4 媒体広告費（新聞、雑誌、ラジオ、テレビ）は 66 ％を占めている。このマスコミ 4 媒体広告費の業種別構成をみたとき、食品・飲料・嗜好品は 18 ％を占め、だんぜん突出している。つづくのは、サービス・レジャー 12 ％、教育・その他 10 ％、流通小売業 7 ％、化粧品・トイレタリー 7 ％、出版 6 ％、自動車・関連品 6 ％、不動産・住宅設備 6 ％、薬品の 5 ％である。そして、この業種別広告費の媒体別構成比をみると、食品・飲料・嗜好品では、テレビ 72 ％、

ラジオ7%、雑誌8%、新聞14%であり、テレビ媒体の利用が圧倒的に多い。テレビによる広告費全体の28%を食品・飲料・嗜好品が占め、だんぜん突出した水準にある。このようなテレビ媒体の多用は、食品メーカーのとらえようとする消費者の層と、テレビ媒体のもつ説得力・イメージ力によるものと考えられる。他方、食品の対極にあるのが出版であり、その媒体別構成比は新聞74%、雑誌7%、ラジオ9%、テレビ10%である。食品の広告と出版の広告を比較するとき、広告にあらわれた食品のマーケティングの特徴の1つが浮きぼりになる。すなわち、食品のマーケティングにおいては、広告による製品差別化が中心的課題となっているのである。

つぎに、1980年代における食品の広告費支出の伸び率を追ってみよう。70年代においては2ケタ台の伸び率を示していたのにたいして、80年代に入ると伸び率はすべて10%以下である。この伸び率の低下は、広告費支出全体の伸び率の低下にも規定されていることはもちろんである。しかし、全体との比較でみて、全体平均の伸び率より高い年には1%程度上の水準にあるだけだが、逆に低い年にはその落ち込みがずっと低くなっていることには注意する必要がある。80年代前半は、広告のおもしろさが注目された時代であるが、そのおもしろさと広告による販売促進効果とがかならずしも一致しないのではないかという議論も多かったし、それに関連して消費の個性化・多様化と分衆・少衆の議論がたたかわされたこともつい数年前のことである。すでにふれた新製品をめぐる状況の一定の変化のもとで、広告効果についての議論の状況も、消極的なものから、一定積極的なものに変わってきたようである。

つぎに、主要な加工食品メーカーの広告費についてふれておくことにしよう。表2は、1986年度の広告宣伝費上位10社の食品メーカーを示したものである。85年度の広告宣伝費の落ち込みのはげしさと、86年度の増加は対照的である。売上高広告宣伝費比率は業種間・企業間でかなりバラつきがある。この2年間の比較を一見するだけでも、販売促進活動にたいするてこ入れのありさまがみてとれる。たとえば、アサヒビールの85年度から86年度にかけてのはげしい転換と、それが酒の業界に影響をあたえているようすは

表2　主要食品メーカーの広告宣伝費

[単位：億円、％]

企業名	広告宣伝費		売上高		売上高広告宣伝費比率	
	1985年	1986年	1985年	1986年	1985年	1986年
1. サントリー	228 (− 14.5)	229 (0.5)	7,675 (0.8)	7,495 (− 2.3)	3.0	3.1
2. キリンビール	139 (− 12.3)	159 (14.1)	12,109 (5.1)	12,218 (0.9)	1.1	1.3
3. 味の素	157 (− 5.5)	157 (0.3)	4,501 (0.6)	4,260 (− 5.4)	3.5	3.7
4. ハウス食品工業	137 (0.3)	149 (8.9)	1,369 (− 3.3)	1,460 (6.7)	10.0	10.2
5. サッポロビール	121 (9.3)	133 (9.9)	4,026 (6.0)	4,360 (8.3)	3.0	3.0
6. アサヒビール	79 (− 10.8)	117 (47.3)	2,364 (5.4)	2,594 (9.7)	3.4	4.5
7. 日清食品	90 (6.6)	102 (13.6)	1,485 (5.9)	1,497 (0.8)	6.1	6.8
8. 雪印乳業	94 (− 5.6)	94 (0.8)	4,453 (0.4)	4,431 (− 0.5)	2.1	2.1
9. 日本ハム	57 (24.8)	86 (51.4)	3,408 (9.4)	3,878 (13.8)	1.7	2.2
10. 江崎グリコ	89 (28.5)	74 (− 16.1)	1,124 (16.9)	1,190 (5.9)	7.9	6.2

（注）1986年度の上位10社をあげた。（　　）内は、対前年度比。
（出所）日経広告研究所編『広告白書』昭和63年度、日本経済新聞社、1988年、216 ～ 262ページ。
　　　　『広研広告白書』昭和62年版、日経広告研究所、1987年、261 ～ 262ページ。

明瞭である。食品メーカー間の競争は、新製品の開発・発売を軸にしながら、それを積極的に販売促進活動によりうち出すかたちで展開されていることが広告費の状況にも反映されている。

流通支配の動揺

　高度成長期には、調味料、乳製品、清涼飲料、紅茶・コーヒー、ハム・ソーセージなどの加工食品の多くの分野で、広く再販類似行為がおこなわれていると指摘されたことがある[9]が、これをふくめて食品メーカーによる

流通系列化は広くおこなわれていたといってよい。このような流通支配にたいして、スーパーはとくに価格問題をめぐってメーカーと対立したが、スーパーが発展する過程において、スーパーとメーカーとのあいだには、価格をめぐる対立は内包しながらも、商品の取引関係については相互依存関係が成立した。他方、スーパーによる中小メーカーの利用によるプライベート・ブランドの開発もすすめられたが、スーパーの取扱品目におけるプライベート・ブランド比率は1970年代終わりごろをピークとして頭うち状況にあるともいわれている。

　プライベート・ブランド品がナショナル・ブランド品より安いということはかならずしもいえないようである。そして過剰生産構造にあるメーカーのナショナル・ブランド品のほうが「おとり商品」として使いやすいばあいもある。スーパーとメーカーが直接交渉するばあい、そこでのスーパー側の要求はもっぱらメーカー建値をくずすことに集中するが、メーカー側は一般小売店の手前もあって建値をくずしたくないので、結局、スーパー側は「現物添付」「売上高基準リベート」「出来高リベート」「各種スポット・リベート」「店頭販売量」等の、直接価格形成にかかわる多様なリベートの引き出しに成功することになる。またバーゲンの際には、メーカーはスーパーの要請にこたえてチラシ代の負担や協賛金という名のリベートをさらに支給するばあいもある。こうしてスーパーは、ときとして非常な低価格でメーカー製品を販売することもできる。メーカーとスーパーとのチャネルにおける力関係について、種々の調査は、食品メーカーの大手・中小をとわず、スーパーの力がつよまるとみていたことを示している[10]。

　つぎに、1980年代に入って本格的に展開した流通における情報システム化は、メーカーと問屋、小売との関係を大きく変化させつつある。スーパーやコンビニエンス・ストアにおける受発注のオンライン化や集中配送方式の定着からはじまった情報システム化は、POSの導入による販売情報のシステム化により、受注単位の小口化、配送回数の増加、売れ筋・死に筋商品の選別強化等を促進することによって、メーカー、問屋、小売店の関係を変えつつあるからである。すでに中堅クラスのスーパーにおいても、小売と問屋

を結ぶ受発注システムのオンライン化は普及している。小売の問屋にたいする要求は、結果的に問屋のメーカーにたいする要求となり、メーカーはその対応のための物流コストの増加の合理化と物流システムの合理化の課題に直面している。

このようななかで、大手メーカーと大手コンビニエンス・ストアの提携関係が物流システム化という枠をこえてすすみつつある。たとえば、セブン・イレブン・ジャパンの協力工場づくりである[11]。これは、大手食品メーカーを選別して、セブン・イレブン専用の工場を設立させるもので、対象商品には惣菜、米飯、調理パンなどがある。1984年着手以来、キユーピー、ハウス食品工業、プリマハムが参加していたが、88年秋には伊藤ハム、味の素、スギヨがくわわったといわれている。これは、大規模小売業による大手食品メーカーの系列化という側面をももつものである。

食品メーカーのチャネル政策は、大規模小売業との協調をつよめる方向に動いていかざるをえないようにおもわれる。

加工食品の品質競争における対抗力としての役割をはたしてきた生協の成功については、ここでのべることはできない[12]。

*　　　　　*　　　　　*

食品メーカーのマーケティングは、消費の変化、国際化、情報化と概括される環境変化のなかで、大きく変化しつつあるようである。食料品製造業の業種間・企業間で競争が激化しつつあり、しかもその競争は従来の競争の枠組とはことなる枠組を提示しつつあるようである。本文でふれた酒をめぐる競争は、この問題を考える際の参考になるとおもわれる。

こうした変化につづいてさらに新しい変化が続々と登場しつつある。1989年4月の酒税法の改正は酒をめぐる市場の競争の状況を一変させる可能性がつよい。この酒税法の改正も、国際化の流れのなかで生まれたものであるが、国際化の進展とそれによる制度的改革は、食品メーカーの活動すべき市場の競争枠組をさらに大幅に変えるかもしれない。そのような変化の方向は、加工食品におけるマーケティングのより本格的な展開を要請するものとおもわれる。

200

1）中分類「12　食糧品製造業」と「13　飲料・飼料・たばこ製造業」をくわえたものから、小分類「136　たばこ製造業」をさし引いたもの。
2）主として、『食品工業の主要指標（昭和62年版）』食品産業センター、1987年、による。
3）『日本マーケットシェア事典』1988年版、矢野経済研究所、1988年、による。
4）今井賢一『現代産業組織』岩波書店、1976年、206〜210ページ。
5）『日本経済新聞』1989年1月3日付。
6）総務庁統計局『家計調査年報（昭和62年）』日本統計協会、1988年、94〜96ページ。
7）『'86図説・日本の食品工業』光琳、1986年、5〜7ページ。味の素については、大谷毅・嶋口充輝『モードとフードの組織』（日本の組織　第7巻）、第一法規、1988年、271〜280ページ。
8）主として、『電通広告年鑑』昭和63年版、1988年、による。
9）今井賢一、前掲書、209ページ。
10）以上については、食料・農業政策研究センター編『昭和62年版　食料白書　国際化・情報化時代の食品産業』農山漁村文化協会、1988年、113〜118ページ、による。プライベート・ブランドを考える際に、大規模小売業による開発輸入の増加を検討する必要があるが、ここではふれることはできなかった。
11）『激流』1988年12月号、10ページ。
12）生協については、糸園辰雄ほか編『転換期の流通経済 1 小売業』大月書店、1989年の該当章を参照のこと。

11
専門店

1 商業統計における専門店

専門店とは何か

専門店はつぎのように定義されている。「かつては、特定商品ラインの取扱に専門化し、幅広い品揃えと豊かな商品知識にもとづくサービスを提供する小売店のことであったが、最近は市場標的を明確に絞りこんでそれに対応するオリジナリティのあるマーチャンダイジングを展開する小売店のことをいうようになってきている。需要の多様化、個性化に伴って、専門店の存在意義が高まってきている」（『有斐閣経済辞典〈新版〉』1986年）。この定義は、高度成長期の終わり頃から最近にいたるまで、さまざまにおこなわれてきた専門店とは何か、そして何であるべきかの議論を、簡潔に整理したものといえるだろう。

ところが、1982年と85年の『商業統計表』の『業態別統計編』における専門店は、①取扱商品の限定（産業分類の小分類レベルで90以上％を取扱っていること、ただし小分類レベルで「その他の」や「他に分類されない」のつく業種については細分類レベルで90％以上であること）と、②セルフ方式の不採用（といっても売場面積の50％以上においてセルフサービス方式を採用していないこと）、によって定義されている。

このように、商業統計の定義が近年における議論を反映していないことの原因としては、集計上の可能性の問題がある。「最近」の定義による集計が、統計上きわめて困難であることは間違いない。このような定義の結果として、商業統計における専門店は、一方で一般小売店のかなりの部分を含むことになり、多様な要素を内包することになる。他方、通常専門店の一部分を構成

すると考えられるもので、セルフ方式を採用するホームセンターなどの店舗が、それから外れてしまうばあいがある。

このような一般小売店と専門店の区別の困難については、小売構造研究会がすでに1970年代の後半に、専門店と「一般小売店との相違は相対的な質の格差にあるため具体的な線の引き方はむずかしい」と述べていた[1]。同研究会によると、一般小売店は「大多数の生業・家業店」で「専門店ほどの質のない店」であるとされ、そして専門店は、①専門店、②特殊専門店、③量販型専門店、④ディスカウント専門店の4つの類型に分けられている[2]。この類型化により、一般小売店と区別の困難な①とそうでない②③④との区別がおこなわれ、専門店は大づかみにイメージされうる。

以下においては、まず商業統計における専門店が、ついで主として『日経流通新聞』の調査によりつつ専門店チェーンの状況が概観されることになる。

商店数減少と専門店

1985年の商業統計調査の結果により、商店数減少が明らかとなった。表1は、その業態別の状況を示したものである。82年から85年にかけて、商店数は小売業計で約9万3000店、5.4％減少した。専門店は商店数において

表1　業態別商店数、年間販売額

[単位：億円、％]

区　　分	商　店　数			年間販売額		
	1982年	1985年	82年から85年の増減率	1982年	1985年	82年から85年の増減率
小売合計	1,721,465	1,628,644	-5.4	939,712	1,017,191	8.2
百　貨　店	461	438	-5.0	73,141	77,797	6.4
ス　ー　パ　ー（コンビニ除く）	65,779	67,150	2.1	163,402	191,551	17.2
コンビニエンス・ストア	23,235	29,236	25.8	21,776	33,829	55.3
専　門　店	1,093,601	1,004,883	-8.1	459,961	467,938	1.7
その他の商品小売店	536,934	524,885	-2.2	219,515	244,164	11.2
そ　の　他	1,455	2,052	41.0	1,917	1,912	-0.3

（出所）通商産業省『商業統計表』（業態別統計編）1985年、より作成。

小売業計の6割を占めているが、この間約8万9000店、8.1％減少した。専門店の減少は、それだけで小売業計の減少に匹敵するほどであり、減少率は飛びぬけて高い。つぎに年間販売額の増加率をみると、小売業計が8.2％であるのに、専門店は1.7％であり、他の業態に比べて図抜けて低い。このようにみてくると、商店数減少問題とは、すぐれて専門店減少問題であったことがあきらかとなる。

　とはいえ、商業統計における専門店には多様な要素がふくまれているので、表2により、専門店の売場面積規模別の特徴をみることにしよう。商店数の減少率が専門店計より大きいのは、30m²未満と200m²以上1000m²未満の2つのグループからなる。このうちの前者は、一般小売店の減少から説明することができるが、後者の減少は、むしろ専門店チェーンのなかでのスクラップ・アンド・ビルドから、そしてまた専門店から他業態への転換の問題として説明されうる。他方、商店数の増加しているのは、100m²以上200m²未満と1500m²以上であり、前者の増加率がわずかであるのにたいして、後者の非常な高さは印象的である。

　規模別にみた商店数と販売額との増減率のあいだには、ほぼ対応関係があるが、200m²以上500m²未満のところで、店舗数16.9％減少にたいして、年間販売額11.8％増加となっていることには注目される。

　売場面積規模別にみたとき、商店数と年間販売額の増減率に2つの谷と2つの山があることは、商業統計における専門店のなかで、一般小売店の減少がすすむ一方、中小規模と大規模の専門店チェーンが積極的な展開をはかっていることを示しているものと考えることができる。

専門店の販売効率

　1985年の『業態別統計編』の専門店は、衣料品専門店、食料品専門店、住関連専門店（衣・食以外のもの）というように3分割されて集計されている。その3者の商店数構成比は、ほぼ1：2：4であった。従業員1人当たりの年間販売額によって販売効率をみると、衣料品専門店1277万円、食料品専門店952万円、住関連専門店1500万円、専門店計1332万円（82年1241万円）

表2　専門店の売り場面積規模別商店数、年間販売額

売り場面積規模	商店数		
	1982 年	1985 年	1982 年から 85 年の増減率
合　　計	1,093,601　(100.0)	1,004,883　(100.0)	- 8.1
10m² 未満	82,700　(7.6)	67,295　(6.7)	- 18.6
10m² 以上　20m² 未満	258,355　(23.6)	208,024　(20.7)	- 19.5
20m² 以上　30m² 未満	205,840　(18.8)	178,215　(17.7)	- 13.4
30m² 以上　50m² 未満	234,166　(21.4)	216,294　(21.5)	- 7.6
50m² 以上　100m² 未満	133,805　(12.2)	132,775　(13.2)	- 0.8
100m² 以上　200m² 未満	40,812　(3.7)	41,247　(4.1)	1.1
200m² 以上　500m² 未満	17,780　(1.6)	14,780　(1.5)	- 16.9
500m² 以上　1000m² 未満	3,128　(0.3)	2,590　(0.3)	- 17.2
1000m² 以上　1500m² 未満	1,042　(0.1)	958　(0.1)	- 8.1
1500m² 以上　3000m² 未満	376　(0.0)	511　(0.1)	35.9
3000m² 以上	95　(0.0)	146　(0.0)	53.7
な　　し	115,502　(10.6)	142,048　(14.1)	23.0

(注)（　）内は構成比（％）。
(出所) 通商産業省『商業統計表』（業態別統計編）1985 年、より作成。

であった。このような従業者１人当たりの年間販売額を他の業態のものと比べると、専門店の販売効率の低さがあきらかとなる。比較的競争関係にあると考えられる衣料品専門店、衣料品中心店（その他の商品小売店のうち）、衣料品スーパーを、専門店を100として比較すると、中心店115、専門スーパー198であった。また、食料品専門店、食料品中心店、コンビニエンス・ストア、食料品スーパーを同様に比較すると、100、128、171、274であった。さらに、住関連専門店、住関連中心店、住関連スーパーも同様にして、100、122、214であった。

　他の業態との販売効率の格差は以上みたとおりであるが、つぎに専門店のなかで売場面積規模別の従業者１人当たりの年間販売額についてみてみよう。まず、衣料品専門店では、平均値を超えるのは50m² 以上であり、3000m² 未満までは、関連の他の業態と比べて遜色のない効率を達成しているが、3000m² 以上において他の業態と比べて大幅に落ちこむことになる。つぎに、食料品専門店であるが、平均値を超えるのは30m² 以上500m² 未満と1500m² 以上3000m² 未満であり、100m² 以上のところでは関連の他の業態と比べて

[単位：億円、％]

年間販売額		
1982 年	1985 年	1982 年から 85 年の増減率
459,961　(100.0)	467,938　(100.0)	1.7
7,531　(1.6)	6,622　(1.4)	- 12.1
33,883　(7.4)	28,589　(6.1)	- 15.6
40,199　(8.7)	35,810　(7.7)	- 10.9
67,370　(14.6)	64,284　(13.7)	- 4.6
65,499　(14.2)	66,583　(14.2)	1.7
34,560　(7.5)	36,563　(7.8)	5.8
23,678　(5.1)	26,473　(5.7)	11.8
8,048　(1.7)	7,647　(1.6)	- 5.0
4,159　(0.9)	3,802　(0.8)	- 7.9
3,429　(0.7)	4,146　(0.9)	20.9
1,181　(0.3)	1,583　(0.3)	34.0
170,423　(37.1)	185,837　(39.7)	9.0

効率はいちじるしく低い。住関連専門店において平均値を超えるのは100m²以上の規模のもので、200m²以上では関連の他の業態と比べることのできる効率を達成している。

　以上のようにみてくると、衣料品専門店と住関連専門店にたいして、食料品専門店の相違が明瞭である。食料品専門店では、効率のピークが50m²以上100m²未満の規模にあり、規模の拡大にともなう効率の改善はみられないといってもよいのにたいし、衣・住関連専門店では、3000m²以上の規模を除けば、ほぼ規模の拡大にともなって効率が改善され、ある規模以上では関連の他の業態との販売効率の格差が認められなくなるにいたっている。

　このような販売効率格差の構造は、商業統計における専門店が、その内部の多様性のあいだでの競争と関連の他の業態とのあいだの競争にさらされている状況を示している。販売効率格差を前提にした競争の1つの帰結が、商業統計における専門店の減少問題であったといえよう。

2 低成長期における専門店チェーンの発展

専門店チェーンの発展とその条件

現在、専門店チェーンとして発展している企業のうちの一定部分は、第2次世界大戦以前からの歴史をもっているが、それらのうちの多くは、戦後において高度成長のはじまる以前の時期に創業されたものである。たとえば、紳士服のタカキュー、三峰、婦人服・子供服の鈴丹、三愛、呉服の鈴乃屋、東京ますいわ屋、家電のベスト電器、ダイイチ、上新電機など、あげていけば際限がなくなるほどである。これらの専門店は、当初自分の足場を固めるのにかなりの期間を費やしていたが、1960年代の後半から積極的なチェーン展開に転じ今日にいたっているものが多い[3]。

また、高度成長期に入って以来、メーカーが専門店を設立する動きが強化されていく。たとえば、紳士服のテイジンメンズショップ、婦人服・子供服のキャビン（東京カジュアルウエア）、レリアン（レナウン）などである[4]。さらに、大手スーパーも、主として高度成長期の終わる頃から積極的に専門店を作りはじめ、低成長期においてその傾向は促進されていくことになる。たとえば、紳士服のロベルト（ダイエー、1969年設立）、ステップス（イトーヨーカ堂、81年）、マックロード（ニチイ、69年）、婦人服のロベリア（ダイエー、73年）、メリーアン（イトーヨーカ堂、77年）、エルメ（ニチイ、72年）、モリエ、パレモ（ユニー、84年）、呉服のさが美（ユニー、74年）などである[5]。

このような専門店チェーンの1960年代後半からのめざましい成長を支えた条件としては、つぎのようなことが考えられている[6]。まず、①その成長を支えた消費市場の主力は、いわゆる団塊の世代を中心とする当時のヤング層であり、高学歴化のすすむなかで商品知識と感覚が高まり、ファッション感覚の大衆化がすすんだことである。さらに、より広く趣味的領域の広がりや健康への関心の高まりもみられたことである。②このような市場動向にたいして、専門店はまず成功店を1店作り、それをチェーン化するという路線を採用した（スーパー・チェーンと同様）。③専門店ごとに、店舗規模、専門

性（たとえば安心、低価格）などにより差別化をはかった。そして、④専門店がチェーン化をすすめるうえで、60年代後半からの大型スーパーとそれを核とするショッピング・センターの大量出店は、スーパーが自分のマーチャンダイジング能力を超える部分について専門店をテナントとして導入したことによって、大いに有利な条件となった。さらに、人工的な商業集積ビル（ファッションビル、駅ビル、地下街など）が数多く建設されたことも、同様の有利な条件を提供した。特徴ある専門店は、デベロッパーに望まれて、有利な条件でこれら施設内に出店し、多店化するチャンスを最大限に活用することができたからである。そのような例として、パルコをあげておこう。83年時点でみると、当時のパルコ9店のうちに1352店の専門店が包摂されていた。その分野をみると、婦人服34％、紳士服9％、スポーツ2％、呉服2％、子供服2％、身の回り17％、雑貨15％、喫茶・レストラン12％、サービス・その他6％であった[7]。

発展のなかに含まれた問題

　低成長期に入ったとき、専門店チェーンの急速な成長のなかに含まれていた問題点も顕在化することになった[8]。①高度成長のなかで水ぶくれ的に成長した専門店チェーンのうち、財務的に破綻をきたすものがでてきたことである。②マネジメント力の向上を越えるスピードで多店舗化したために、店舗のコントロールが不能となり、専門店の強みであるきめの細かさを失い、収益性を悪化させる企業がでてきたことである。③さらに、より現代的重要性をもつ問題である専門店の同質化問題が顕在化したことである。チェーン展開のなかで、専門店のマーチャンダイジング面でのオリジナリティが弱化し、百貨店の一部に遅れをとるようになったことである。また、多店舗化により、表現力、演出力、説得力に富んだ販売力の格差の密度が低下し、縮小していることである。

低成長期における発展

　表3は『日経流通新聞』の調査による専門店チェーンの売上高前年比伸び

率を示したものである。なお、ここでの専門店は、年間売上高 10 億円以上の企業で回答をよせてきたものである。また、数値の基礎となる企業数は年によって異なっている。

　まず、専門店計と百貨店、スーパーとを比較しよう。専門店の売上高伸び率は、さきにふれた事情もあって、変動している。しかし、百貨店、スーパーと比較するとき、専門店の伸び率の高さは印象的である。低成長期（昭和 50 年代）が専門店の時代といわれたことの理由も、そのことからあきらかである。低成長期における消費の停滞と成熟化をへて、最近、消費はまたきわめて活発であるといわれるが（その理由として、円高メリットの還元や地価上昇による資産効果がよくあげられるが、この点についてはさらにくわしく検討する必要がある）、それに対応して、専門店チェーンの伸び率も好調である。

表 3　専門店チェーンの売上高対前年比伸び率

[単位：％]

	1976	1977	1978	1979	1980	1981	1982	1983	1984	1985	1986	1987
百　貨　店		5.4	6.7	7.4	7.8	5.9	2.6	2.6	4.1	6.1	5.3	6.2
ス ー パ ー		14.0	12.8	11.8	11.5	9.9	6.4	5.7	4.9	4.7	3.5	5.4
専 門 店 計	16.5	13.6	14.8	15.0	14.2	10.5	9.4	9.9	10.5	11.0	11.0	12.8
呉　　　　服	28.3	23.0	17.2	10.8	12.5	7.5	4.9	1.9	2.7	2.7	1.5	2.2
紳　士　服	19.9	8.0	11.2	6.8	14.0	12.3	12.1	9.9	13.6	17.5	13.1	13.0
婦人服・子供服	16.2	8.3	10.1	7.7	7.3	7.2	8.0	9.2	9.0	14.2	14.1	9.1
靴	17.2	11.1	8.8	7.1	7.2	4.7	3.4	4.6	10.0	13.7	13.4	11.4
装飾・服飾雑貨	11.9	9.4	7.5	10.1	8.1	7.8	6.1	5.3	7.0	5.5	9.4	10.3
家　　　　具	12.8	15.9	18.5	20.5	16.6	10.6	7.2	3.3	6.4	9.6	8.0	11.5
家 電 製 品	8.6	10.4	18.8	23.7	14.3	12.5	11.0	16.2	13.7	11.9	13.2	18.9
医　薬　品	13.3	13.9	8.8	11.0	10.3	7.0	10.1	7.4	8.0	8.2	9.6	10.6
書 籍 ・ 文 具	9.1	9.2	8.4	10.3	10.8	6.3	7.5	5.0	4.3	6.9	10.1	12.9
ス ポ ー ツ 用 品	21.6	24.4	20.3	17.2	24.7	19.2	14.0	13.3	10.9	13.6	15.9	15.9
がん具・ホビー用品	15.7	13.6	12.7	12.2	13.0	10.8	8.4	0.4	4.4	16.3	6.2	- 0.9
楽器・レコード	17.2	7.8	11.9	18.7	14.5	8.6	5.0	8.9	6.8	5.8	6.3	9.1
カ　メ　ラ	21.4	12.5	13.4	18.9	19.0	14.0	15.3	9.2	9.5	11.3	6.0	6.0
時計・めがね・貴 金 属	16.2	17.3	18.6	18.5	23.5	9.6	3.5	8.0	13.4	10.2	10.6	19.1
ホームセンター	118.2	50.7	36.4	41.1	24.7	20.8	21.1	19.6	16.8	12.1	14.3	14.3
総合ディスカウントストア											7.6	12.2

（注）専門店の数値は「日本の専門店調査」、百貨店・スーパーの数値は「日本の小売業調査」による。
（出所）日経流通新聞編『流通経済の手引』各年版、日本経済新聞社。

　なお、専門店チェーンの売上高経常利益率の平均値は、低成長期をつうじて4％前後の水準にあるが、売場面積伸び率は年により変動はあるものの10％水準で伸びている。パート比率は1982年まで一貫して伸びて18％に達したが、その後84年にかけて若干低下したものの、87年には22.7％にまで高くなってきている。また、年間商品回転数は最近高まりつつある（85年9.7回、86年10.4回、87年10.7回）。このように、かなり積極的な経営展開をすすめながら、同時に減量経営と経営効率化がすすめられていることがわかる。

業種別発展パターン

　専門店は多様な業種からなっている。業種ごとの成長パターンには、かなりのバラつきがある。専門店計を上回る伸び率をもつ業種を成長業種とするならば、低成長期に一貫して成長業種であったのは、ホームセンターとスポーツ用品である。とくに1970年代におけるホームセンターの成長は目を奪うばかりのものである。その後80年代に入り、いまや安定的なものに変化してきたことがわかる。これらに続くものとして、家電があげられる。70年代中葉における停滞が、その後数年ごとのビデオ、CD（プレイヤー）、大型テレビといった新製品の市場導入によって克服されていくさまがみてとれる。玩具・ホビー用品では、ある製品（たとえばファミコン）がブーム化し、しばらくしてそれが沈静化するというパターンの繰り返しがみられる。

　ファッション関係では、好調にはじまった呉服が1980年代において非常な停滞のなかに落ちこんでいるのにたいして、紳士服は80年代に入って好調を維持している。婦人服・子供服は、70年代終わりから80年代初めにかけての停滞がDCブームによって回復し、そのブームの終焉とともにまた流れが変わりつつあるかのようにみえる。

　以上みてきたように、専門店チェーンは全体として高い成長性を維持しつつも、業種間のバラつきをともなっていた。以下においては、若干の業種について、業種内における主要専門店チェーンの競争について簡単にみることにする。

3　専門店チェーンにおける競争

家電

家電量販店チェーンのもつ特徴のうち、まず目につくのは、それらがリージョナル・チェーンであることである。福岡（九州）にベスト電器、広島（中国）にダイイチ、香川（四国）に栄弘チェーン、大阪に上新電機、和光電機、二宮無線、マツヤデンキ、神戸に星電社、名古屋に栄電社、東京に第一家電、ラオックス、ヤマギワ、サトームセン、仙台に電巧堂チェーン、札幌にそうご電器というように、表4にみるように、これらは全体に積極的なチェーン展開をおこなっている。そのなかには、フランチャイズ・チェーンとしての展開も含まれている。たとえばベスト電器についてみると、すでに1970年にフランチャイズ展開をはじめ、79年には当時の100店舗のうち27店がフランチャイズ店であった。80年には200店舗に達したが、うち105店がフランチャイズ店で、87年には380店のうち265店がフランチャイズ店で、それは売上高の47.2％を占めている[9]。

このように家電量販店は地域的に棲み分けながら、その境界で競争しあっている。しかし、関西と東京ではいくつかのチェーン同士が直接的に競争しうる関係にある。九州と中国のチェーンがトップを競いあっているのにたいし、東京ではいくつかのチェーンが拮抗しあっている様子はおもしろい。

低成長期における家電量販店チェーンの発展は、家電メーカーの系列小売店の経営に影響を与えざるをえない。近年家電メーカーは6万6000店の系列小売店をもっているといわれており、そのうち松下が4割、東芝と日立がそれぞれ2割弱を占めているとされるが、このような系列小売店が年々シェアを低下させつつある。高度成長期の終わりに8％であった家電量販店のシェアは1984年には20％を超えるにいたったし、スーパーのシェアも9％を超えている[10]。この傾向は今後も続くと考えられるが、それにたいしメーカーは系列小売店の活性化とテコいれに力を入れざるをえなくなったことは、よく知られている。

表4　主要専門店チェーンの年間売上高と店舗数

		本社	売上高（億円）		店舗数（店）	
			1976年	1987年	1976年	1987年
家電	ベスト電器	福岡	220	1440	67	380
	ダイイチ	広島	261	1345	24	241
	上新電機	大阪	196	1058	57	94
	第一家庭電器	東京	269	764	77	175
	ラオックス	東京	177	726	26	59
紳士服	タカキュー	東京	135	638	77	228
	青山商事	広島	(80年)54	365	(80年)21	127
	三峰	東京	198	329	32	159
	Gはるやま	岡山	(82年)85	294	(82年)30	99
	ロベルト	大阪	150	242	127	190
婦人服・子供服	鈴丹	愛知	95	643	72	351
	レリアン	東京	101	614	112	328
	鈴屋	東京	4110	558	53	185
	キャビン	東京	51	522	44	288
	三愛	東京	303	472	23	162
呉服	G鈴乃屋	東京	212	617	91	216
	さがみ	東京	135	616	70	246
	やまと	東京	340	486	92	147
	三松	東京	138	360	48	180
	東京ますいわ屋	東京	80	282	33	93
ホームセンター	オートバックスセブン	大阪	(78年)51	640	(78年)93	261
	ビバホーム	埼玉	(80年)106	595	(80年)8	74
	ケーヨー	千葉	17	564	8	43
	カーマ	愛知	23	518	4	46
	東急ハンズ	東京	(79年)42	427	(79年)3	6

（注）業種ごとに、1987年の上位5社を選んだ。
（出所）日経流通新聞編『流通経済の手引』1989年版、日本経済新聞社、1988年。同編『ランキング流通革命』、同、1987年。

紳士服、婦人服・子供服、呉服

　紳士服の主要専門店チェーンは概して高い成長率を示しているものの、上位2社と他の3社との間には大きな格差がある。タカキューを例に店舗規模をみると、100m² 以上200m² 以下で半分を占め、200m² 以上300m² 以下と100m² 以下がそれぞれ2割を占めている。なお、店舗規模は企業により戦略によってかなりバラつきがあるようである。

つぎに、婦人服・子供服では、1985年と86年のあいだにトップ企業が交代している。鈴丹がヤング向きの低価格品に専門化したのにたいして、鈴屋が高級化を追求したことの結果がトップの交代となったと説明されている。この業種では100m²以上200m²以下の規模の店舗が中心となって積極的なチェーン展開がおこなわれてきた。

呉服でも、1980年代に入り、トップがやまとから鈴乃屋に交替した。そして現在、さが美がトップを争うまでに成長してきている。

これらのチェーンの発展の条件についてはすでにふれた。

ホームセンター

この成長業種は2つの展開パターンをもっている。もっともフランチャイズ展開をすすめているのは、オートバックスセブンで、1986年の250店舗のうち218店がフランチャイズ店であった。その店舗規模は平均300m²台と小さい。それにたいして、東急ハンズはすべて直営店であり、少数店舗ながら各店舗の規模は5000m²に近づく大きいものである。

おわりに

商業統計における専門店が減少問題に直面するなかで、専門店チェーンや量販専門店は成長している。業種・企業ごとの格差を内包しつつ、全体としての専門店チェーンは発展しつつある。専門店をめぐる最近の傾向として一般にいわれているのは、①ロードサイドの郊外型店舗の増加（とくに大型の店舗で広い駐車場を備えたもの）、②異業種専門店による複合化の動向、③フランチャイズ方式の広範な活用、④ディスカウント化、などである[11]。

さまざまの新たな動向を含みながら、専門店の領域における組織化はすすみつつあるが、その組織化のなかに非常に競争的な展開が組みこまれていることに注意する必要がある。

1) 小売構造研究会編『小売業はこう変わる』日本経済新聞社、1978年、76ページ。
2) 同上書、76〜78ページ。

3）『流通会社年鑑　1988 年版』日本経済新聞社、1987 年。

4）同上書。

5）日経流通新聞編『流通経済の手引　88 年版』日本経済新聞社、1987 年、172 ページ。

6）上野光平『現代流通論入門』日本経済新聞社、1980 年、144 ～ 145 ページ。

7）アクロス編集室編『パルコの宣伝戦略』パルコ出版、1984 年、202 ページ。

8）上野光平、前掲書、145 ～ 147 ページ。

9）『有価証券報告書株式会社ベスト電器　昭和 63 年』1988 年。

10）西村貴志夫『家電業界』教育社、1987 年、85 ～ 95 ページ。

11）日経流通新聞編『ランキング流通革命』日本経済新聞社、1987 年、99 ページ。

12 百貨店は「反攻」するのか[1)]

　最近、百貨店がちょっと話題になっているので、百貨店について取り扱ってみたいと思う。百貨店の問題と例えばコンビニとか GMS の問題は、ある意味で裏腹の関係にあって、そういう意味でも、ここで1つ百貨店を取り扱ってみるのは意味のあることだと思う。

　ごく最近、日経から出た『反攻する百貨店』[2)] という本がベストセラーの一角に入っている。百貨店がこのようなポジティブなかたちで話題になるというのは、久し振りのことだ。そこで、百貨店の今年（1996年春）の状況を見てみると、久しぶりに前年比売上高がプラスに転じたということで今年になってから百貨店の再評価の議論が出てきたということだ。そういう点を取り上げながら、少し検討していきたいと思う。

1　戦後の百貨店の歴史から

　百貨店の復興あるいは復活という議論が今日出てきはじめたのだが、これはだいたい歴史が繰り返してきたと言ってもいいと思う。歴史は繰り返すといっても、当然置かれている状況が違うわけだから、戦後から今年の状況に至るまでの経過をざっと見ておきたいと思う。

　敗戦後1950年代に入ると、日本経済がだいたい立ち直り、その中で都市化が進み住民の購買力が増してくるという中で、50年代早々から百貨店は復活する。これがある意味で、百貨店の戦後の黄金時代ということになる。そしてこの時代は、たいして見るべき競争相手がなかったという時代である。

　競争相手がいなかったという50年代も、その終わりころにはスーパーが登場する。スーパーが登場したといっても、50年代の終わりといえば、町

の普通の店に「スーパー」という看板がかかっているという程度の「スーパー」だから、たいしたことはない。

　60年代に入ると、スーパーが急速に伸びて、百貨店とスーパーとが次第に競合する関係になってくる。百貨店は高度成長の中でもずっと売上高を伸ばしているが、それ以上にスーパーの売上高成長率の方がずっと高いという時代が続いていく。高度成長期というのは、とくに50年代から60年代のところというのは、ある意味で規模がどんどん大きくなっていく時代で、当然マーケットも成長していくために、百貨店の売上高も前年に比べてどんどん伸びていく。そういう意味で、百貨店もスーパーも両方とも成長しているわけであるが、百貨店の売上高成長率とスーパーの売上高成長率を比べると、これが全く問題にならないくらいにスーパーが大きな伸びを示しているという状況である。当初、百貨店はスーパーをバカにしていたといってもいい。そういう意味では、バカにしている間に次第に競争相手が巨大になりつつあるという、そういう時期である。

　70年代の初めに入ると、とうとう小売業のトップ企業が、三越からダイエーに変わる。言うまでもなく三越は百貨店の中で最も老舗であり、生まれて間もないスーパーなんかに比べると、当然のれんもあれば非常に立派な客層を持っている。そういう三越という百貨店を代表する企業の売上高に対して、70年代の初めに、ダイエーの売上高のほうが上回るという事態が起きる。

　ダイエーの中内社長の『我が安売り哲学』は、このころ出た本である。この本は非常におもしろい本で、ベストセラーにもなったが、売れている途中に著者が絶版にしたので、いろいろと憶測を呼んだ。この本なんかを下敷にしたと思われる、城山三郎の『価格破壊』という小説も、興味のある方は読んでみたらいいと思う。

　という意味で、70年代の初めに「小売業を代表する業態は何か」という1つの転換が起きたと言ってもいい。業態論的には、「ある時代に最も注目すべき業態は何か」、あるいは逆に「ある時代に時代を象徴するような業態は何か」というような見方をする。そこで、70年代を代表する業態は何か、あるいは60年代後半から70年代という高度成長期あるいは高度成長期を経

ていわゆる低成長期に入っていく時代、言い換えれば日本の戦後が本当に終わっていく時代であるが、この時代を代表する業態は何か、という問いに対しても、もうそれが百貨店でなくなってしまったという問題が出てくるのである。

そして、70年代のこの後から80年代にかけても、百貨店は年間数パーセントずつは売上高を伸ばしている。しかしスーパーとの対比においては、百貨店は停滞しているとか、あるいは百貨店は成熟化してしまったとか、成熟化してしまって今や急速な成長力がないとか、そういう考え方が出てきた。

今、簡単に「成熟」とか「成長」とかいう言葉を使ったが、こういう「成熟」とか「成長」という言葉を使う場合には、そのモデルを大づかみに頭の中においておく必要がある。一般に、ある製品が市場に導入されて、その製品が市場において認知されるまでに相当時間がかかる。その後非常になだらかで緩やかな低成長をするが、ある時点を過ぎると、急成長をする。そして、その時期を越えてまたある時期から成熟期に入る。こういうプロダクト・ライフ・サイクルというモデルが、当然あらゆる製品に当てはめて考えることができるし、また業態に当てはめて考えることもできる。このプロダクト・ライフ・サイクルの考え方を採用すると、業態というのも、導入期があって成長期があって成熟期があって、その後は停滞期、むしろ撤退期と言うべきか、こういう流れがあるという考え方である。

もう少しだけ説明しておくと、順調に成長のカーブを描いていたのにもかかわらず、その後一時停滞した場合、そこでリニューアルによってもう一度成長のカーブをつくっていくんだという考え方もある。これは、例えば自動車という製品のリニューアルを考えてもいいし、また業態の革新ということを考えてもいい。リニューアルあるいは革新である。すでにあるものがリニューアルを遂げる、あるいはあるものが革新を遂げて新しいものに転換していくというプロダクト・ライフ・サイクルの考え方もあるということを記憶しておこう。

70年代から80年代の初め頃まで、百貨店の成熟化、停滞という議論は続き、「もう百貨店は過去の業態ではなかろうか」というようにも言われてい

たが、この状況を変えるのが次のバブル期である。

80年代の中頃から90年にかけて、いわゆるバブル期であるが、バブルになりはじめの1984年、85年には、すでに百貨店の成長率がスーパーの成長率を上回るようになった。こんなことは本当に長らくなかったのである。百貨店のざっと倍くらいの成長率をずっとスーパーは示していたが、80年代の中頃になってくると、スーパーの成長率が百貨店よりも落ちてしまうという事態が生まれる。そこで、私なんかは百貨店がわりと好きな方だから、バブルという問題はあるけれども、しかしもう一度百貨店の時代が来たといって喜んでいたときが何年かあった。

このように、バブル期には百貨店は非常に高成長を遂げる。当時は「高いものほどよく売れる」という冗談のような話が、実際にあったくらいである。

やがてバブルは崩壊する。すると、今度は全く逆の話が出て来る。90年代の前半には、売上げが毎年低下するということになった。そして、百貨店はもう過去の業態になったというか、再起できない状態、復活することのできない状態にあるというようなことが言われた。それから、百貨店はいかにすれば復活できるか、というようなテーマが非常に流行し、ずっと続くのである。

そして1996年になって、百貨店の前年同月比売上高が上がるという事態が、バブル崩壊後初めてやってくる。そういう事態はまる5年ぶりくらいである。

このように歴史をざっとながめてきたが、50年代の黄金時代を経て、60年代〜70年代は、スーパーとの比較ではたしかに成長率は低くなっているが、この間も結構百貨店の売上高は伸びているのである。そこで、本当に売上げが落ち込んだのが70年代の終わりから80年代の初めのところに多少見られ、それから決定的なのはバブル崩壊後のところである。このようにみてくると、百貨店が本当に落ち込んだのはいつかというと、そんなにいつもあったわけではないのである。にもかかわらず百貨店は、一貫して成熟化した業態であるとかいろいろと批判されてきたということの理由を、見ておく必要があると思う。

2　なぜ百貨店は批判されてきたのか？

　なぜ、百貨店についてはいろいろな批判が行われてきたのかというところをみていくと、1つは売上高成長率が他の業態に比べて低かったということがある[3]。早い時期に批判されたのはこれである。1960 年代、70 年代においては、売上高成長率がスーパーに比べて低かった。例えば、スーパーが10 ％の成長率を示しているが百貨店は 5 ％だとか、例えばスーパーが 20 ％の成長率を示している時に百貨店の成長率は 7 ％であったというふうな事態が続いたことである。そういう意味で、百貨店というのは近代的小売業態の中で最も完成された優れた業態であるというプライドは持ちつづけていたものの、客観的に見ればどうもそうでもなくなってきたのではないかという社会的評価の問題が、他の業態との売上高成長率の比較から出てきたということになる。

　ところで、バブル崩壊後のいろいろな議論のなかで出てきた論点は、むしろそれまでのものとは違っていた。

　一番大きな論点は、個店としては最大の売上高・集客力があるにもかかわらず、同時にほとんど利益を上げることができない、こういうところであろう。

　百貨店というのは、個店としては非常に優れたものだと思う。80 年代頃は西武百貨店池袋店が非常に頑張っていたが、バブルの影響もあり最近かなり落ち込んだ。そこで、去年の最大の百貨店は三越本店であるが、この売上高がざっと 3 千数百億円。これはすごい売上高である。このくらいの売上げがあると、果たしてどれほどのお客さんが集まっているのかと思わせるような数字である。それに対し私の住むところに近い高島屋・大丸の京都店を見ると、ざっと 1000 億円を越えるというところである。一流の百貨店というのは、だいたい 1000 億円以上の売上高である。この程度の売上げを上げるような、どこに出しても恥ずかしくない、文字どおり立派な百貨店というのは、国内で 20 店ほどある。だいたい、日本の百貨店は 1 店舗で 1000 億円程

度以上の売上高を上げることができる業態だということである。

　ここで、GMSと比較しておくと、GMSは最大の店で300億円程度の売上げである。いうところの立派なGMSという場合には、百貨店のちょうど1割程度ということになる。それに対して、このくらいあればGMSとしてほとんど一流の店というものは、だいたい100億円程度の水準である。このようにみると、個々の店で、GMSの売上げは百貨店のざっと10分の1、逆に言うと、百貨店はGMSの約10倍の売上高を上げることができるということになるし、さらにおおざっぱに、10倍の集客力があるということになる。

　という意味でも、百貨店というのは個店としては最大の売上高と集客力を持ち、これはこれで大変立派なことであるが、同時にほとんど利益を上げることができないという特徴があるわけである。

　ある百貨店で1000億円という売上げがあるとして、マージンが例えば3割の300億円あるとしよう。百貨店というのはそれなりにマージンを取るので、その中からいろいろな設備投資あるいは人件費等を含めて差引きしても、売上高の1割の100億円程度がなぜ利益にならないのかというふうなことを、つい考えてしまう。1000億円や3000億円という売上高を稼ぎながら、なぜ利益がほとんど上がらないのかというのが、大きな2つめの批判の論点である。

　売上高に対して粗利益が、百貨店の場合、おおざっぱに言って2割5分くらいあるとすると、1000億円くらいの売上げを上げている店は250億円程度の粗利益があるわけだから、その中から設備投資と人件費等を賄えばいいという話に基本的にはなるが、それがうまく行かないのは、1つは百貨店の高コスト体質というところに原因があるとみていいだろう。コストをかけるのは構わないが、かけたコストはどういう意味をもつのかということだ。

　百貨店の場合は、設備とヒト、あるいは当然ブランドの品揃えと言うことを含めて、店の魅力を増すためのコストが高く、それが実際百貨店の突出した集客力を生んでいるわけである。しかし、実際はそういうことだけでは済まないものを百貨店は抱えている。

　それは何かと言うと、いわゆる返品制とか派遣店員制と言われているもの

である。これは別に百貨店だけがやっているわけではないが、最も典型的なのが百貨店だと認識されており、そのために百貨店的なビジネスとして批判の対象となっている。返品制や派遣店員制といったような百貨店的なビジネス方法、外国から見ればいたって日本的であると見えたようであるが、これが何を引き起こしたのかというと、結果としては百貨店は自主マーチャンダイジング力を喪失したというふうに言われたのである。

　返品制というのは、売れなかった商品は返したらいいという制度であるから、当然ビジネスに伴うリスクはノーリスクであり、それから派遣店員制は人件費がノーコストになる。そのように考えると、これらの制度はいいことばかりのように見えるけれど、それは結果的には自前のマーチャンダイジング力を喪失させるという問題を生んでしまったわけである。語呂合せ的に言うと、「ノーリスクビジネスにリスクがある」という問題である。

　百貨店が、若干の時期はあったけれども、基本的には一貫して売上高を伸ばしてきたという背景には、こういう事態が進行していたのである。ノーリスクビジネスなんてのは、どう考えても非常に結構なことである。販売員は、メーカーあるいは問屋の方から派遣されるより熱心な販売員の方がいいに決まっているし、百貨店は派遣店員に対して給料を払うわけではないので、こんな制度は非常にありがたい。それから、もし万が一、売れ残ったらその商品はお返ししますよというのであれば、こんな制度は非常に楽だ。しかし、その「ノーリスクビジネスのリスク」は、百貨店からマーチャンダイジング力を奪ってしまったということができるのである。

　では、マーチャンダイジング力というのはどういうものかということだが、まず仕入れをする場合には、商品を評価する必要がある。戦後のある時期までは、百貨店の商品の証価は非常に厳しかったというふうに言われており、それによって、ある意味で百貨店はいい商品あるいは間違いのない商品を揃えている、あるいは百貨店に納入されるのはそういうある種のお墨付きをえた商品であるというような印象を、百貨店に納入する業者も、それからまた消費者の側も持っていた。しかし現在、百貨店は、そういう商品の評価能力あるいは商品を評価しながら仕入れるという能力を失ってしまった。

　また、商品を仕入れたところで、売れなければ損をするから、仕入れたものを売る力というのが必要であるが、売り場のセールス活動が派遣店員によって遂行されるということになると、そのセールスマンとしての能力も百貨店は失ってしまったということになる。

　ひょっとして将来百貨店に勤務したいと思っている人がいるかもしれないので言っておくと、やはり百貨店の基本的なテーマとして、そのビジネス方法とマーチャンダイジング力の喪失あるいは低下、それからそこにおける従業員の無力化というような問題があることを押えておく必要がある。

　こういうテーマが、今も昔も変わらずに一貫して流れている。百貨店は復活したと言われながら、実際は何も変わっていないと私は思っている。

　こういうマーチャンダイジング力の喪失というような問題が起きてくるかたわら、他方では、百貨店は最大の集客力を誇る業態だから、集客力を増すための装置が必要になる。要するに、店は贅沢にしなければならないし、それから有名ブランドを入れなくてはならない、それからたんに物販だけではなくてサービスにも力を入れなくてはならないということになる。

　去年および一昨年あたりに、京都でも高島屋と大丸が大幅なリニューアルをしたことは、皆さんご存じでしょうか。これは売上げが年々下がっているという状況のもとで行われたのであるが、その中味は、増床により、集客力を増すためのさまざまな装置を導入するということである。全体として売り場面積というか百貨店空間を広げたわけだが、ここで述べる必要があるのは、物販というよりもむしろサービスのための空間を広げたということであり、休憩あるいはゆとりの空間が非常に広がった。近年の百貨店にはたいていのところに休憩する椅子があったりして、ちょっと休むのになかなか好都合なのだが、休憩、ゆとりのスペースができている。高島屋のリニューアル以前と以後とを比べてみると、全く違う。空間的にも非常にゆとりがあると同時に、飲食関係の施設が増えた。集客力を増すということになってくると、どうしてもこういうことに重点が置かれる。要するに、小売物販といういわゆるモノを売るということに加えて、サービスを売るというところに広がってくる。

　例えば、美術館などのように、百貨店というビジネスの範囲内で、集客力を高めながら同時にメセナでもあり得るというような感覚の空間は、戦後のある時期からであった。このような動きは、西武百貨店がわりと早かったと思われる。一方で自前のマーチャンダイジング力あるいは販売力を失いながらも、他方では客集めのための、あるいは魅力を追加するためにさまざまな投資をしなくてはならないという、こういう問題を百貨店は抱えている。

　先ほど、百貨店は2割5分程度はマージンを取っているであろうが、その程度では利益が残らないし、とてもやっていけないと言った。しかし、大づかみに言って、ノーリスクビジネスでしかも販売員等についてはノーコストであるということなら、そんなに費用はかからないのではないかというふうについ思ってしまうが、実際はその裏側の費用が、全体としては管理費用が非常にかさんでいるために百貨店は非常に困難を抱えているということになる。

　そこで、もっと利益を上げる経営を行うにはどうしたらいいかということになるが、まず第1に、ノーリスクビジネスの利益とリスクビジネスの利益を比較することである。例えば、百貨店のようなノーリスクのビジネスの利益と、例えば昨年売上高がちょっと落ちたことで非常に話題になった青山商事やコンビニエンスストアのようなリスクビジネスの利益とを比べると、全然違う。青山商事の場合は、粗利益を5割程度とりながらしかも低価格商品を販売する力を持続してきたのであるが、そういうふうなものと比べた時に、百貨店はノーリスクビジネスであるがゆえに、ある対価を払っているというところが見えてくる。

　それから、百貨店の店員は、少なくとも売り場に関して言えば、派遣店員だけで十分とみることもできるが、しかし現実にはそこそこの社員数があるし、当然それに対する人件費もかかってくる。そこで、もっと利益を上げるには、今ある組織あるいは人間をいかに活性化して使うかという問題がある。組織・ヒトにかかわって、人員をより有能にする必要があるということだ。店員は、ただ売り場に立っているだけではほとんど意味がない。百貨店で熱心な応対をしてくれるのは一般に派遣店員であって、やはり自らの会社ある

いは自らのブランドを担っている人は非常に熱心だ。このようなことが百貨店では現実にある。今いるヒトをより有能にする、あるいはヒトをより有効に活用するということは、百貨店にとって重要な課題の1つである。

　ということで、おおざっぱなテーマをずっと話してきたが、結論として何を言いたかったかと言うと、百貨店が復活したのではなかろうか、あるいは復興するのではなかろうか、あるいは百貨店がより積極的にビジネスをやろうとしているのではないかというふうに現在見られているのであるが、その中には今日ずっと話してきたような百貨店にかかわる基本的なテーマが、ずっと持続して流れているということを見ておく必要があるということである。これをある面で裏返しにして見ると、例えば、専門店の話になるし、それから例えばスーパーの話になるし、コンビニの話になる。

3　「反攻する百貨店」の提案について

　はじめにふれたように、日経から『反攻する百貨店』という本が出ているので、関心のある人は読んでみられるといいと思う。この中での「提案」について紹介しておこう [4]。

　その提案というのは、第1点目は先ほど言ったことで、自らリスクを犯す、要するに返品制をやめて買取り制にすることである。要するに、買って売り切るという、自らリスクを冒す方向に変えるということである。

　それからアメリカでは、百貨店は成熟した業態であるとか言われてパッとしていなかった中で、80年代頃から非常に先進的な百貨店が生まれてくる。そこで第2点目だが、積極的活動を示しているアメリカの百貨店の先進的な事例をいかに学ぶことができるかということである [5]。

　それから第3点目に、百貨店というと、だいたい都心ダウンタウン立地が中心である。京都でも高島屋や大丸を考えてもらえばよいだろう。しかし今後は、ダウンタウン立地ということだけでなく郊外立地を推進し、それにふさわしい内容を設けるというかたちで、新たな展開をやってみるということである。

　それから第4点目に、ヒトを生かす人事／採用制度を導入するということである。採用という入り口だけでなくて、入ってきた人の力をうまく発揮させながら働いていけるようなシステムをいかにつくるかということである。先ほどみてきた返品制と派遣店員制のもとでは、百貨店の店員そのものは力を発揮しようがないわけだから、そういう意味で、従来の百貨店がおもに採用してきたビジネス方法を自己否定して、新しく展開すべきだという話である。

　それから第5点目に、戦略的再編を行うということである。先ほど百貨店は1店で3千何百億円という売上げを稼いでいると言ったが、最大の百貨店企業の売上げは、今のところ7000〜8000億円くらいで、最小の百貨店の売上げはずっと小さいが、とにかくそういうような企業間の再編成を含めて、戦略的再編を行うべきであるという提案である。

　以上、5つの提案であるが、みんなオーソドックスな提案である。この5つ以外に、私の提案をちょっと付け加えてみよう。

　私は、百貨店はそう簡単に立ち直らないという考え方を持っていたが、百貨店が1つの業態であるという見方を捨てることができれば、将来性があるのかもしれないと思う。すなわち、百貨店がショッピングセンターとして純化され、その方向で管理をいかに徹底するかというところからの再編ならあり得るのではないかというのが私の持論である。そのような論点を、この日経の提案と絡めるとどうなるのかということは、また機会があれば考えていきたいと思っている。

1）本稿は、1996年春の講義記録に多少の加筆をしたものである。
2）日経流通新聞編『反攻する百貨店』日本経済新聞社、1996年。
3）中野安「80年代巨大小売企業の歴史的位置」、近藤文男・中野安編『流通構造とマーケティング・チャネル』ミネルヴァ書房、1985年、所収。
4）日経流通新聞編、前掲書。
5）スペクター＆マッカーシー（犬飼みずほ訳）『ノードストローム・ウェイ』日本経済新聞社、1996年、参照。

おわりに

1980年春、立命館大学経営学部に「販売管理論」担当の教員として奉職して以来、ずいぶん長い期間がたった。「販売管理論」は、数年後「マーケティング論」と名称変更される。そして担当科目が「商業論」に代わり、後に「流通論」と名称変更され今に至る。

率直に言えば、1980年代全体にわたって、研究面における悩みが続いていた。その中でわずかに書いた論文が本書に収録したものであり、読み返すと当時のことが思いだされる。何に悩んでいたのかというと、「豊かな社会としての日本」を素直に受け止めることに抵抗があったということではないかと思う。「豊かな社会としての日本」が失われつつある現在、ようやく旧稿をまとめておく気になった。

論文の初出は以下の通りである。

1 チェーンストアとその特別課税問題（『経済論叢（京都大学経済学会）』第125巻第5号、1980年5月）

2 なぜぼくはレコードを買うのか（『経営学部で学ぶために』1984年5月）

3 なぜぼくはCD・LDを買うのか（『経営学部で学ぶために』1992年4月）

4 レコードの流通と情報化（近藤文男・中野安編『流通構造とマーケティング・チャネル』ミネルヴァ書房、1985年5月）

5 商業経済論における消費および消費者の取り扱いをめぐって（『立命館経営学』第25巻第3号、1986年9月）

6 いわゆる消費の個性化・多様化と消費の組織化（『立命館経営学』第25巻第5号、1987年1月）

7 小売業態論の意義について（『立命館経営学』第26巻第1号、1987年5月）

8 街づくりと大規模小売業―西武セゾン・グループを中心に―（『立命館経営学』第26巻第5号、1988年1月）

9 現代の消費と流通産業（『経営学部で学ぶために』1986年4月）

10　加工食品（糸園辰雄他編『転換期の流通経済3』大月書店、1989年5月）

11　専門店（糸園辰雄他編『転換期の流通経済1』大月書店、1989年2月）

12　百貨店は「反攻」するのか（保田芳昭編『現代の流通システムと消費者』
　　大月書店、1997年3月）

　本書の出版に際しては、文理閣代表の黒川美富子氏、担当の山下信氏にたいへんご迷惑をかけることになった。お詫びとともに、お礼を申し上げます。

　なお本書の出版は、立命館大学経営学部の卒業生である山口晶氏のご支援により可能となったもので、心からお礼申し上げます。

　そして私事ながら、長年にわたって私の人生に付き合ってくれている妻美佐子に本書をささげることにしたい。

　2019年11月19日

　　　　　　　　　　　　　　　京都の自宅にて　　三浦一郎

著者紹介

三浦一郎（みうら　いちろう）

1950 年生まれ
京都大学大学院経済学研究科博士後期課程満期退学
立命館大学名誉教授、現在立命館大学経営学部特任教授
専門は、ドラッカー研究、流通論、マーケティング論
著書：『ドラッカーの周辺』（晃洋書房、2019 年）
　　　『ドラッカー ―人・思想・実践―』ドラッカー学会監修、井坂康志との
　　　共編（文眞堂、2014 年）
　　　『顧客の創造と流通』白珍尚との共編（高菅出版、2010 年）
　　　『日清食品のマネジメント ―食文化創造とグローバル戦略―』肥塚浩と
　　　の共著（立命館大学経営戦略研究センター、1997 年）

流通の回顧 ― 80 年代を中心に、私的に―

2020 年 2 月 10 日　第 1 刷発行

著　者　　三浦一郎

発行者　　黒川美富子

発行所　　図書出版　**文理閣**
　　　　　京都市下京区七条河原町西南角　〒600-8146
　　　　　TEL（075）351-7553　FAX（075）351-7560
　　　　　http://www.bunrikaku.com

印刷所　　亜細亜印刷株式会社